éloge de l'élitisme

Petit panorama, un lieu où s'engager...

Ce livre est publié avec le soutien

de la Communauté Française de Belgique.

isbn 2-930351-17-9

d-2004-9312-07

www.legrandmiroir.com

claude javeau

éloge de l'élitisme

miroir
LE GRAND

petit panorama

À Michel MEYER

" Il est en effet capital, chez nous, de *penser à rien* et de trouver que *c'est le pied.* "

Philippe MURAY

des mots

À l'heure où tout un chacun peut dire, sans crainte de mise au piquet, et ne s'en prive guère, " con ", " bite ", " salope ", " Nom de Dieu ", " chier ", " chiant ", " rien à branler ", et écrire " foutre " et " merde " sans petits points de bienséance (" f... ", " m... "), même dans les gazettes les mieux pensantes, il reste quelques mots qui ne se disent qu'en se voilant la face et qui ne s'écrivent qu'en cachette, sauf à les utiliser en guise d'insultes. Parmi ceux-ci, il y a " élite ", et ses dérivés " élitisme " et " élitiste ". Le dernier, surtout, est particulièrement inconvenant. Il suffit de déplorer des fautes d'orthographe dans une copie d'étudiant ou de regretter le trop-plein de foute à la télé pour se faire sans attendre tancer d'importance : " Vous êtes un élitiste ! " Pouah, la vilaine bête : l'élitisme, c'est un peu comme un sida de l'esprit, un furoncle sur le scrotum, un pet sonore pendant une cérémonie au crématorium (et encore, dans cet endroit, on entend maintenant bruisser les téléphones portables : protester vous ferait tout de go passer pour un élitiste). Être élitiste, c'est se condamner à voir la plupart de vos contemporains vous tourner le dos : " Je ne serre plus la main de Trucmuche, il est devenu élitiste. " Devenu : il est convenu qu'on ne naît pas élitiste, on le devient. Mais pas nécessairement sans le faire exprès. D'où la faible confiance qu'ont les contemporains de la chose dans d'éventuels remèdes à ce mal qui répand la terreur parmi les âmes généreuses. Comme le sida ou la cirrhose, l'élitisme paraît en général peu guérissable. Encore heureux qu'on reconnaisse que tous ceux qui en sont frappés ne le sont pas avec la même sévérité. Dans le pire des cas, on est franchement irrécupérable, dans d'autres on peut envisager des trithérapies plus ou moins efficaces, comme, par exemple, provoquer une liaison amoureuse avec quelqu'un(e) que la maladie a épargné(e). Il arrive que la rémission soit de très longue durée (mais attention à la rechute, et d'ailleurs, même s'il est faible, le risque de contagion n'est pas nul). En ce qui me concerne, inutile d'essayer. Je suis irrécupérable, et même des soins palliatifs ne me seraient d'aucune utilité. C'est la quarantaine absolue ou la mise à mort compassionnelle, il n'y a pas de solution intermédiaire.

***

Je partirai d'un postulat et de deux définitions. Postulat : ce qui distingue l'homme de l'animal est l'intelligence conceptuelle. Il n'est pas sûr que ses plus proches cousins, le chimpanzé et le bonobo, en soient totalement dépourvus, on est même, pas mal de recherches très poussées aidant, de plus en plus convaincu du contraire. Mais dans l'espèce humaine, qui s'est dotée de cet instrument unique qu'est le langage symbolique, les possibilités de cette intelligence sont formidablement plus étendues. Pour le meilleur et pour le pire : lorsque les activistes du " droit à la vie " (qui sont aussi, en général, partisans de la peine de mort), condamnent l'avortement[1], c'est entre autres avec des formules du genre : " C'est Mozart qu'on assassine. " Il se pourrait que ce fût plutôt Eichmann qu'on assassine (ou Le Pen ou Thatcher ou Berlusconi), et on ne pourrait que s'en réjouir. L'intelligence humaine, ne l'oublions pas, c'est Shakespeare et Céline, Pasteur et Mengelé, Rembrandt et Landru, le Taj Mahal et Auschwitz. Elle peut être mise au service de l'émancipation des hommes, ou, au contraire, de leur asservissement.

Définition I : l'émancipation, phénomène à visée collective, que l'on ne confondra pas avec le frileux et nombriliste " épanouissement personnel ", consiste à fournir au plus grand nombre les outils qui devraient leur permettre de jouir le plus librement possible de leur passage sur terre. Certes, cette jouissance peut revêtir des contenus très divers. Mais chaque fois que cette jouissance passe par le refus de jouissance des autres, je la tiendrai pour opposée à l'esprit de l'émancipation, telle que je viens de la définir, d'assez rhétorique façon j'en conviens. J'insiste toutefois sur la jouissance : " jouir ", le mot d'ordre le plus révolutionnaire qu'on ait jamais proféré[2], est une aspiration qui va à l'encontre de tout ce que les religions et même pas mal d'idéologies qui se voulaient émancipatrices ont toujours jugé irrecevable. Le catholicisme romain, pour ne parler que de ce courant religieux, continue à faire de la souffrance, nécessairement rédemptrice, une part importante de son fonds de commerce ; la Révolution française a connu la Vertu prônée par Robespierre, et celle de 1917 a engendré Stakhanov. On est aussi prié de ne pas confondre cette jouissance avec la délectation morose collective proposée par la télévision, qu'il s'agisse d'obsèques royales, de " variétés " où triomphe le " play-back " ou des " comiques " qui ont transporté dans leur bouche les talents du regretté pétomane.

Définition II : on appellera " élite " l'ensemble des personnes, de tous conditions, sexes ou âges, qui cherchent à mettre au maximum leur intelligence au service de l'émancipation, telle que définie plus haut. " Élitisme " désignera alors la philosophie qui sous-tend cette définition, et " élitiste ", tout partisan de cette philosophie. Dans une certaine mesure, ces termes d'élitisme et d'élitiste ont été imposés par ceux et celles qui se déclarent adversaires de ce qu'ils représentent : les désinences *–isme* et *–iste*, on l'aura remarqué, sont devenues plutôt péjoratives de nos jours, à l'exemple de socialisme (surtout " réel "), intégrisme, mondialisme, sexisme, etc. ; on disait aussi naguère " élitaire " (d'où " élitarisme "), mais la désinence *–aire* est plus respectable, comme dans libertaire ou communautaire.

Ma thèse, si j'ose dire, est que cette définition ne peut plus de nos jours déboucher sur des réalisations concrètes. Le projet d'émancipation issu des Lumières du 18e siècle et du mouvement socialiste du 19e, a perdu toute pertinence dans un monde dominé, dans l'ordre économique, par la globalisation néo-libérale, et, dans l'ordre fallacieusement dit culturel, par le *World Entertainment.* Du moins pour ce qui est de ceux qu'il atteint. Les autres ne sont que pouilleux pris en charge par les religions dans leurs aspects les plus rétrogrades et les plus sanguinaires. Dès lors, la seule chose que peuvent encore réclamer les élitistes, c'est de bénéficier de la part des puissants de ce monde d'une protection suffisante, au titre de communauté minoritaire, digne d'être respectée comme les autres prétendues " communautés ".

Je reviens sur l'idée qu'il s'agit bien d'investir le maximum d'intelligence dans le dessein d'émanciper. Or, de nos jours, le mot " élite " n'est souvent utilisé de manière non problématique (c'est-à-dire non répréhensible aux yeux ou oreilles de l'écrasante majorité des gens) que dans deux domaines qui ont peu à voir avec l'intelligence : celui des sports et celui des choses militaires. Quand je parle de sport, je vise évidemment cette institution médiatico-financière universelle à laquelle le brouet médiatique contemporain a donné ce nom. Bardé(e) de réclames publicitaires, bourré(e) de produits dopants, incapable de parler d'autre chose que de ses " performances ", le sportif ou la sportive d'aujourd'hui se retrouve au pied de la colonne sur laquelle j'ai hissé les plus beaux produits de l'intelligence humaine. Marionnette anabolisée et lobotomisée dont de très puissantes officines d'argent tirent les ficelles, le héros ou l'héroïne sportive fait toutefois l'objet d'exhortations morales récurrentes qui masquent en réalité un mensonge et une hypocrisie permanents[3]. L'homme ou la femme qui porte un maillot glorifiant l'un ou l'autre exploiteur de main-d'œuvre infantile du Tiers-Monde serait tenu d'être vertueux, d'accorder davantage d'importance à la participation qu'à la victoire, de se poser en parangon du désintéressement (bien que la mention de ses gains fasse partie des péans qu'on chante à sa gloire), alors qu'il ne s'agit que d'un acteur ou actrice du spectacle planétaire destiné aux téléphages du monde entier, incités par les fabricants du spectacle à consommer les produits et services dont les héros ne sont que les hommes ou femmes sandwiches. Et l'on voudrait que ces héros ou héroïnes ne comptassent que sur leur seule force physique, assortie, dans le meilleur des cas, de quelque subtilité tactique (pas de quoi faire claquer les étendards de l'intelligence : le chimpanzé en est tout aussi capable, mais de manière désintéressée, lui, ou plutôt intéressée par la seule survie de son espèce : je doute que celle de notre propre espèce doive beaucoup à Florence Griffith, Michaël Schumacher ou " au roi Pelé "). Ce qu'on accorde aux danseurs ou aux chanteurs serait refusé aux " sportifs de haut niveau ", membres de l'élite du sport ? Heureusement qu'il n'en est rien dans les faits, et que les appels à la moralisation, dans la bouche de Jacques Rogge ou d'un autre, ne sont que des diversions cosmétiques ! Mon " heureusement " ne vaut évidemment que pour ces forçats de la gonflette dont c'est le gagne-pain. Beaucoup d'entre eux, du reste, ne sont que de petits salariés, et ont été racolés sans qu'ils soient bien informés de ce qui les attendait. Au temps du " socialisme réel " triomphant, il s'agissait de prouver la supériorité du marxisme-léninisme ou de l'une de ses variantes sur le capitalisme décadent et corrompu par de permanentes délices de Capoue. De nos jours, le fric a remplacé l'idéologie, je ne suis pas certain que cela constitue un progrès. Et je ne peux m'empêcher de penser aux petites gymnastes de l'Est ou d'ailleurs, pesant trente-deux kilos à seize ans, maintenues en état artificiel d'aménorrhée, à la poitrine aussi plate que la pensée d'Alain Minc, et faisant les chiennes savantes aux ordres d'entraîneurs aussi obèses que tyranniques.

L'autre élite jugée digne de porter ce nom est celle des militaires. On parle de troupes d'élite comme de l'élite du cyclisme ou du tennis de table. La télé, toujours elle, est friande de ces soudards bardés de gadgets destinés à accroître la capacité de tuer, semblables à des robots de dessins animés, le front bas, le regard belliqueux, roulant des mécaniques à la façon des adeptes de salles de musculation. Un soldat d'élite, souvent tireur d'élite (le français non élitiste d'aujourd'hui dit " sneilpeur "), est un soldat qui peut tuer davantage d'ennemis que le troufion ordinaire, en qui peuvent parfois vagabonder quelques étincelles d'esprit critique. Ce que le téléphage apprécie d'autant plus que le héros jamais fatigué, G.I. Joe en chair et en os et en pistolet mitrailleur, qui tire des vraies balles, participe à une de ces opérations dites " humanitaires " dont l'époque est friande. " Humanitaire ", en l'occurrence, signifie au service de la puissance américaine pour mettre au pas des trublions qui contestent son droit à la prééminence. Il arrive que certains de ces trublions soient de véritables criminels. Pas toujours, et rarement parmi les victimes des " dégâts collatéraux ". Tout comme il se trouve parmi les bénéficiaires de la mansuétude militaro-humanitaire d'authentiques criminels aussi. C'est CNN qui fait le tri : les bons (pro-américains) d'un côté, les mauvais (anti-américains) de l'autre. Si CNN n'y a pas placé ses caméras, l'événement n'a pas eu lieu et l'endroit où il s'est produit n'a pas eu droit aux secours humanitaires apportés par des troupes d'élite (exemple : l'Angola). Mais faire de l'anti-américanisme, c'est faire preuve d'élitisme (ringard, cela va de soi !), et je ne voudrais pas aggraver mon cas.

Il y a aussi, il est vrai, de l'humanitaire sans intervention de militaires, " pur ", en quelque sorte. On ne niera pas la nécessité de venir en aide à des populations entières menacées par des famines ou victimes de guerres, civiles ou autres, prises dans une espèce de tourmente qui a reçu l'appellation délicieusement oxymorique de " catastrophe humanitaire ". Mais on peut aussi voir dans cette nouvelle pratique médico-alimentaire un alibi commode et rassurant pour nier le caractère politique des conflits qui engendrent de telles situations et pour masquer que le " droit d'ingérence ", en l'occurrence, ne sera pas invoqué, les territoires où vivent les populations atteintes par lesdites catastrophes humanitaires présentant peu d'intérêt aux yeux de l'établissement économique mondial et mondialisateur. Mettre en cause ce manteau pudiquement jeté sur des Noés sanguinaires mais immunisés de sanctions militaires, c'est encore faire preuve d'élitisme. J'en reste donc là.

Hormis le sport et l'armée, est-il d'autres lieux où l'on peut parler d'élites ? Certes, il arrive souvent, dans des textes descriptifs ou polémiques, que le mot soit utilisé, simplement pour désigner les couches dirigeantes de l'économie ou de la politique[4]. Mais les personnages ainsi visés ne répondent pas à la définition que j'ai proposée de cette catégorie, et surtout ne risquent guère d'être taxés d'élitisme. Cette caractérisation toujours péjorative ne concerne que des individus qui, par leurs choix ou positions, surtout philosophiques et esthétiques, et les conséquences qui en découlent pour leur genre de vie, prétendent tout à fait consciemment et sans vergogne se distinguer de la masse de leurs contemporains. Ces individus se constituent en réseaux, voire en chapelles, ont un langage propre, cultivent des habitudes singulières, se retrouvent dans certains lieux ou certaines publications. En quoi ils ne sont pas à l'abri de certaines trahisons, dont voici un exemple.

Pendant longtemps, en France comme dans d'autres régions francophones, le quotidien *Le Monde* a été considéré comme un symbole majeur d'élitisme, tant par les couches populaires qu'au sein des couches instruites. Jusqu'à la fin des années soixante-dix, le ton du journal, dépourvu de photographies ou d'autres illustrations, était jugé ennuyeux, compassé, pour tout dire chiant, tant par ses adversaires que par ses lecteurs, qui y voyaient une qualité digne de justifier leur engouement. Après l'effacement du fondateur, Hubert Beuve-Méry, en 1969, la situation a commencé à se modifier (je dirais : à se dégrader), le journal manifestant de plus en plus d'intérêt pour les " faits de société " et les " événements de proximité ". Les photos et les caricatures ont fait leur apparition, un plus large espace a été consacré aux sports, aux variétés, à la mode, aux faits divers. En 1998, à l'occasion de la tenue en France de la Coupe du Monde de foute, le journal consacra à ce pseudo-événement des pages entières, dans une optique résolument chauvine. Ô divine surprise, la France gagna et *Le Monde* ne se retint plus. Ses commentateurs les plus autorisés, tel Pierre Georges, se livrèrent à des analyses que le temps a eu tôt fait de périmer. On prétendit que la présence de nombreux Français " issus de l'immigration " dans l'équipe nationale, avec le célèbre Zidane comme porte-drapeau, était le gage de la réussite d'une France multiculturelle. Quatre ans après, il faut bien déchanter. Outre que le nommé Zidane n'évolue pas, comme on dit, dans une équipe française, préférant les euros sonnants et trébuchants à l'éloge du cocorico, on a bien dû faire avec le fiasco d'un match France-Algérie interrompu avant la fin pour cause de méconduite des " sauvageons " d'origine algérienne (qui n'hésitèrent pas, pauvre Pierre Georges, à huer *La Marseillaise*), et le thème de l'insécurité se retrouve dans toutes les gazettes et sur tous les écrans et toutes les lèvres. Il a servi d'aliment prioritaire aux récentes campagnes électorales qu'a connues la France (en 2002). Et *Le Monde* a perdu au moins un abonné, l'élitiste moi, qui avoue avoir écrit à son directeur que " si je m'intéressais au rugby[5], je m'abonnerais à *L'Équipe* ". Fini *Le Monde*, restent la *Frankfurter Allgemeine Zeitung* et le *Times Literary Supplement*, chiants comme toujours. Mais pour combien de temps encore ? Ne parlons pas de *Libé*, pour qui le moindre joueur de djembé fait figure de puissant créateur musical. (En 2002, les " Bleus " ont été sortis de la Coupe du Monde au premier tour : le cocorico s'est enroué, et les maniaques de l'insécurité ont pris le pouvoir au Palais-Bourbon.)

***

L'élitisme, on l'aura compris, est une position anti-massiste. J'entends par l'adjectif " massiste " (et le substantif " massisme " qui lui correspond) tout ce qui se rapporte à ce que l'on a baptisé, depuis plusieurs décennies, du nom de " culture de masse ". Le 20e siècle aura été, vu sous un certain angle, celui du triomphe des masses. Masses sous l'uniforme d'abord (et presque exclusivement mâles, les *gender studies* semblent ne s'en être pas aperçues), se livrant à deux reprises à de gigantesques entrégorgements dont les hauts lieux sont Verdun et la Somme, Stalingrad, la Normandie et Okinawa, plus quelques autres. Il faut faire remarquer en outre que ces deux reprises, en 14-18 et en 39-45, ont été accompagnées de soubresauts latéraux qui parfois se sont révélés à la hauteur des deux grandes guerres : la guerre d'Espagne, celle d'Algérie, celle du Viet-Nam, par exemple, n'ont pas démérité aux yeux des compilateurs de listes de tués au combat. Autres figures de la masse, celles des victimes civiles, par bombardements (Dresde, Hiroshima) ou par des moyens plus artisanaux, pogromes, massacres divers, déportations, etc. Chaque fois, ce sont des dizaines ou des centaines de milliers de personnes qui ont été concernées. On n'omettra évidemment pas d'ajouter le crime capital du siècle, le génocide dont Auschwitz est devenu l'emblème, ce qui ne doit pas faire oublier d'autres génocides, depuis les Arméniens de la Turquie ottomane jusqu'aux Tutsis de 1994. Mais les masses recensées n'ont pas été que nécrologiques. Les deux utopies majeures du siècle, le communisme rouge et le fascisme brun (par commodité, je confondrai ici fascisme et nazisme, ce qui n'est pas tout à fait légitime, même si ce qui les rapproche, avant que Mussolini ne se mette sous la coupe de Hitler, est avant tout une espèce d'hypernationalisme) se sont notamment caractérisées par d'immenses rassemblements autour de chefs idolâtrés, ordonnateurs de rituels assez semblables de part et d'autre. La Chine de Mao a porté ce genre de manifestations à un degré de perfection inégalé. De tels chefs survivent encore à Cuba, en Corée du Nord, et dans quelques dictatures arabes. Dans nos molles démocraties, des rassemblements de ce genre s'observent à l'occasion d'événements sportifs et de visites du Pape, souverain, il est vrai, d'un des États les plus totalitaires du monde. On ajoutera les funérailles de têtes couronnées, spécialité britannique, devenue, par la télévision, très populaire article d'exportation.

La télévision, on y vient. Grâce à elle, les masses qu'elle rassemble sont atomisées, ce qui facilite considérablement leur contrôle. Dans nos pays, quatre-vingts pour cent des consommateurs d'images à domicile sont scotchés à leur poste pendant deux heures trente en moyenne par jour, surtout le soir. Il ne reste aux " forces de l'ordre " que les vingt pour cent restants à surveiller. Cela peut encore faire, le cas échéant, pas mal de monde, comme à Seattle ou à Gênes (dans cette dernière ville, c'est un magnat des entreprises de décervelage médiatique, devenu par OPA dirigeant d'un pays réputé démocratique, qui a fait donner, et très violemment, ses troupes de robots cogneurs et asphyxieurs). Mais, quand les choses suivent un cours normal, la masse des citoyens, ou plutôt sujets de la télé, lorsqu'elle n'est pas au travail, est plantée devant les lucarnes domestiques. Le totalitarisme des immenses rassemblements, place Rouge, place de Venise ou dans le stade de Nuremberg, est remplacé par la berlusconisation, variante douce du fascisme, concrétisation du *Big Brother* d'Orwell, qui avait en 1948 prédit un

1984 largement dépassé en tant que cauchemar climatisé quand le vrai 1984 est survenu. " Berlusconiser "[6], c'est déverser à flots continus dans chaque foyer des tonnes de paillettes et de bêlements, de fausses blondes en chaleur et de champions microcéphales, de débats bidon et de confessions exhibitionnistes, sans compter des spots publicitaires où s'étale tout le mépris dans lequel leurs réalisateurs tiennent ceux qui les regardent, pendant un temps qui s'allonge un peu chaque jour. Même les " nouvelles ", de plus en plus réduites aux pseudo-événements " de proximité "[7], ne servent que de décor au lancement de telle compil ou de tel navet cinématographique. Le succès récent de la télé-réalité et autres variantes de la télé-poubelle va bien dans le sens d'un mouvement enclenché (les cuistres " modernes " disent et écrivent " initié ") à la naissance même de la télévision (on dit " médias audio-visuels ", ô obsolète polygraphe !). Que tout un peuple, obnubilé, attende de voir une Loana se faire tringler dans une piscine, et se transforme ainsi en invincible armada de voyeurs, voilà qui en dit long sur le bon goût des masses. L'élitiste, évidemment, ne mange pas de ce pain-là, ni des autres ingrédients qui vont avec.

On ne manquera pas de lui en faire procès. Car la question sera évidemment posée : comment se fait-il que les gens, en général scolarisés bien plus qu'auparavant, ayant voyagé et rencontré d'autres " cultures " (très peu, il est vrai, les lieux de villégiature de masse étant soigneusement protégés contre les incursions des primitifs locaux), soient si friands de ces produits berlusconisés (ou bouygués, ou kirchés, ou warner-turnérisés) ? Dans une civilisation qui professe que c'est le nombre qui décide de la vérité des idées, ce dont les sondages offrent une illustration obsédante, de quel droit les intellectuels coincés (et sans doute, par surcroît, mal baisés) s'insurgeraient-ils contre les goûts du plus grand nombre ?

Si le " peuple " préfère Helmut Lotti à Alfredo Kraus, Céline Dion à Gilles Vigneault, Michel Folon à Christian Boltanski, le Dalaï-Lama à Pierre Bourdieu, c'est que le peuple a raison. L'élitisme est donc bien, j'y reviens, une maladie de l'esprit. Quiconque ne s'excite pas à l'idée qu'un homme puisse courir sur cent mètres, pas un millimètre de plus, deux fois moins vite qu'un cheval, ou ne trouve pas les lourdes plaisanteries radiophoniques d'un Philippe Bouvard aussi fines que les comédies de Molière, ne peut être qu'un malade. Mental, en l'occurrence. Qui n'a droit qu'à un seul traitement, celui de l'enfermement.

C'est bien le droit à cette espèce de maladie que je réclame pour les malheureux atteints d'élitisme. Ce qui est une autre manière de se voir reconnaître comme " communauté ", ainsi qu'annoncé plus haut avant d'y revenir plus bas. Mais auparavant, un petit détour sur l'étiologie de la maladie, ou plutôt de l'état de santé par rapport auquel cette maladie a été diagnostiquée.

des choses

Au commencement, étaient des hommes et des femmes très fatigués. On les appelait paysans, quand ils travaillaient la terre, et prolétaires, quand ils travaillaient le charbon, les métaux ou encore le coton et la laine. Mais, on l'oublie souvent, il y avait aussi des quasi-prolétaires dans les bureaux, vieux clercs et saute-ruisseau, petits employés et petits fonctionnaires, commis aux écritures et aux comptes. Tout ce monde, qui représentait une vaste majorité de la population des pays atteints par la révolution industrielle, travaillait sans jamais reprendre haleine, ou presque, sauf pour mourir. Les penseurs de cette époque, le 19e siècle, du moins la plupart d'entre eux, estimaient que le repos n'avait pas d'autre fonction que la " reconstitution de la force de travail ". Manger, dormir et baiser (pour faire des enfants) devaient être les seules occupations acceptables dans la portion congrue de temps qui n'était pas consacrée au boulot. Il y eut bien l'un ou l'autre penseur, en particulier Karl Marx, pour écrire que c'était un peu court, d'autant que ceux qui se contentaient de ce genre de considérations trouvaient aussi que le salaire devait être tout juste suffisant pour supporter les frais correspondant à cette conception du repos : en gros, acheter de quoi bouffer et se couvrir et louer un toit, de la manière la moins ostentatoire possible.

Face à ces gens-là, une minorité de nantis, entourés de domestiques, assis à des tables bien garnies ou dans des corbeilles à l'opéra, dormant dans de beaux châteaux ou hôtels, ayant à leur service médecins, notaires, prêtres, magistrats, policiers, politiciens, professeurs, artistes de renom, parfois leurs commensaux ou compagnons de chasse ou de débauche, en raison de fortunes comparables. Ce qu'on aurait appelé la culture, en ces temps-là, faisait aussi partie de leurs propriétés. Les artistes étaient les protégés de la classe dominante, autrefois composée d'aristocrates et où désormais les ploutocrates étaient en majorité. Les Guermantes étaient peu à peu remplacés par les Verdurin (qui d'ailleurs leur achetaient aussi leurs titres nobiliaires), qui prenaient ainsi le relais pour patronner les peintres, les poètes, les pianistes et les chanteurs invités dans leurs salons. Les danseuses, elles, étaient plutôt convoquées dans les garçonnières des Messieurs des familles. Pour autant, tout n'était pas mauvais dans cette culture. Du reste, pas mal de créateurs s'obstinaient à créer dans un esprit opposé à celui de la grande Bourgeoisie, maîtresse des lieux. Et certains grands bourgeois, il est vrai, étaient moins bornés que leurs congénères. Et enfin, la bourgeoisie était aussi, dans une certaine mesure, prise au piège du régime politique qu'elle s'était inventé, et qu'on appelait démocratie, alors que le *demos*, en réalité, y était peu représenté. Mais même dévolu à une faible minorité de mâles adultes, le droit de gérer " démocratiquement " l'espace public ne pouvait exclure celui de revendiquer une certaine liberté d'expression et d'invention. C'est ainsi que le talent, voire même parfois le génie, ont pu pousser sur le terreau du pharisaïsme bourgeois.

Tout cela a été résumé de manière très lapidaire, j'en conviens. Mais je ne suis pas occupé à faire cours, et je me dis que ceux et celles qui me font le plaisir de me lire sont bien capables de remplir les blancs dans mon récit. Un gros siècle plus tard, les hommes et les femmes étaient toujours fatigués, mais plus pour les mêmes raisons. Le temps de travail avait été fortement réduit, et s'il existait encore beaucoup de travaux physiquement éprouvants, pas mal d'autres étaient davantage stressants pour ce que les commentateurs sportifs et militaires appellent le " mental ". En outre, un nombre croissant d'occasions de se fatiguer se trouvaient maintenant dans les portions de temps réservées au déplacement, ainsi que dans celle dont le 20e siècle allait fièrement revendiquer l'invention (sous nos cieux, rappelons-le), le loisir. Le loisir[8] est d'abord, dans l'acception moderne du terme, un temps que l'on comble d'activités spécifiques dites " loisirs ", avant tout de celles qui supposent la consommation des produits d'une autre grande invention du siècle dernier, l'industrie culturelle. Car la culture, pour paraphraser la célèbre assertion de Malraux concernant le cinéma, est aussi une industrie. Ou l'est plutôt en premier lieu, cinéma y compris, bien entendu.

Tout au long de la deuxième moitié du 19e siècle et de la première moitié du 20e, les mouvements ouvriers n'ont cessé de revendiquer une troisième émancipation, prolongeant pour eux les émancipations de la tyrannie politique et de l'obscurantisme religieux qu'avaient annoncées les Lumières, à savoir l'émancipation de l'oppression économique. Celle-ci, pour faire simple, passait par trois exigences : un emploi protégé, un salaire convenable, un temps de travail réduit. Ces objectifs ont été approchés de manière variable selon les pays, aboutissant à la mise sur pied d'un système socio-économique que la " nouvelle économie " (sic) est en train de démanteler avec empressement, l'État-providence, dit aussi chez les Anglo-Saxons *Welfare State*. Grâce à ce système, les " pauvres " sont devenus moins pauvres, ils ont pu envoyer leurs enfants à l'école, devenue d'ailleurs obligatoire, mettre des rideaux à leurs fenêtres et du vin dans leur eau. Ils ont pu devenir les suppôts d'une " société de consommation " qui a fait d'eux, en effet, les consommateurs effrénés de tout ce que le monde industriel mettait sur le marché : objets, services, idées. Dans ce monde industriel, l'industrie culturelle (il s'agit en fait d'un oxymore de plus, mais notre temps en est friand : nous avions déjà croisé " catastrophe humanitaire ", mais que dire aussi d'" éthique des affaires " ?) s'est taillé une part substantielle. C'est elle qui s'est chargée d'apporter au monde des choses un " supplément d'âme ". Une âme passablement suspecte, dont celle, toute noire, de Berlusconi est devenue le symbole, car ce supplément peut se résumer en un seul mot, celui de divertissement.

Tout ce qui précède dans ce chapitre n'est évidemment pas très original. Cette critique a déjà été faite, et sans doute mieux que par moi, par d'éminents esprits, en provenance de divers horizons. Je ne vais pas proposer ici une resucée de Marcuse et de Steiner. Mais il ne m'est pas paru tout à fait déplacé de redessiner le décor, fût-ce à très gros traits.

Temps dit " libre ", loisir(s), industrie culturelle, divertissement, médias de masse : toute la société occidentale, progressivement, en attendant, si ce n'est déjà fait, sa berlusconisation complète, s'est mise à l'heure du divertissement, de l'*entertainment*, branche commerciale de la " culture " planétaire, la *World Culture* dont les emblèmes sont Walt Disney, le couple Nike-Adidas, McDonald's, Internet, Coca-Cola. Tout un monde en soi : notre monde.

***

Aucune portion de notre monde n'y a échappé. Les hommes et femmes politiques s'affichent dans des émissions de variétés, les petites sœurs des pauvres font de même, et la main de ma sœur est filmée en gros plan quand elle s'introduit dans la culotte du zouave. La littérature fait le trottoir chez des journalistes chargés de faire le boniment pour les grands éditeurs (en France, ce phénomène est connu sous le nom de " pivotisation "), les chanteurs d'opéra se muent en vociférateurs de musique dite légère (les trois ténors), le cinéma et les séries télévisées s'abreuvent aux sources de l'extrême violence et de l'extrême inintelligence policière. Quant au sport, il est omniprésent sur toutes les chaînes et dans toutes les conversations. Il va de soi d'ailleurs que tout le monde est friand de spectacles sportifs. Quant à la pub, elle s'est créé un public à part entière et organise même des festivals à sa seule glorification.

Cette " barbarie " (terme emprunté à Michel Henry) s'est insinuée dans tous les espaces sociaux et par tous les canaux sur lesquels les individus naviguent. Il n'existe pas un moment de la vie où la culture dite de masse ne s'insinue dans notre existence, qu'il s'agisse d'un panneau publicitaire sur le bord de la route, de la musique que l'on passe dans les avions au décollage et à l'atterrissage, qui est la même que celle qui ruisselle dans les grandes surfaces et les mails, de la pub qui accompagne les informations de circulation routière, de celle qui orne les maillots de corps (les tîcheurtes) et les anoraks, et je m'arrête là. Le plus extraordinaire, sans doute, est que les pouvoirs publics se sont mis dans la danse, eux qui, selon Claude Lévi-Strauss, " nous invitent (aujourd'hui) à reconnaître la même légitimité au rock et à la *Neuvième Symphonie.* "[9] Les " médias " étatiques diffusent des pubs semblables à celles qui passent sur les antennes privées, et deviennent les agents des productions musicales les mieux accordées à l'esprit du temps. L'État français favorise l'installation de Disney à Marne-la-Vallée, l'État italien, lui, met carrément Berlusconi à sa tête, tandis que les autorités chinoises facilitent l'arrivée de McDonald's à Pékin. En France encore, la République décerne la Légion d'honneur à Johnny Hallyday, braillard sous-doué, et fait chevalier des Arts et des Lettres (?) le Flamand Arno, qui ignore tout des uns et des autres. Le même Hallyday, du reste, sera honoré en Belgique, patrie de son père, de l'Ordre de la Couronne, par un philosophe devenu ministre de la Culture (?), qui se déclarera très impressionné à l'idée de recevoir un tel géant de la pensée. Il va de soi que je n'accorde guère de valeur à l'octroi de tels hochets[10], devenus folkloriques, mais ce que je trouve significatif est de l'ordre du symbole. La Légion d'honneur, il est vrai, avait été remise par Mitterrand à Tino Rossi, qui chanta pendant la dernière guerre pour les collabos de la Légion des Volontaires Français contre le bolchevisme.

Le pire sans doute est l'entrée réussie de ce brouet illégitimement appelé " culturel " à l'école. Regardons donc cette école d'un peu plus près. On peut dire que dans les pays occidentaux, en particulier en Europe, le plus grand effort la concernant a été de l'ouvrir au plus grand nombre pour les études les plus longues possibles, en raison d'un credo égalitariste inscrit au cœur des régimes démocratiques. Il s'est agi, à partir des années vingt, de mettre les élèves sur le même pied, de supprimer les discriminations entre sexes et classes sociales, plus tard entre ethnies. Considérée comme couveuse des répréhensibles élites, l'école a été sommée de se démocratiser, de s'" ouvrir ", non seulement aux groupes au sein desquels les élites n'étaient pas recrutées d'habitude, mais aussi à d'autres influences culturelles que celles qui étaient censées agir sur la production de celles-ci : c'était pourtant le temps où Alain pouvait écrire : " À regarder l'élite, je ne la trouve pas étonnante. " Mais c'était dans ses classes et dans les couloirs du Lycée Henri IV qu'il la croisait. On peut le comprendre, car cette élite-là n'était pas nécessairement celle de l'intelligence, mais simplement le vivier dans lequel s'élevaient les futurs " dirigeants ". Ce qui allait se passer dans les temps qui ont suivi sa disparition n'aurait certainement pas laissé de l'étonner considérablement.

Que n'a-t-on lu et relu, pendant des décennies, sur l'école prison, lugubre temple édifié en l'honneur d'un Savoir qui ne se dispensait qu'à grands renforts de punitions, de mises au cachot, de coups de triques et d'humiliations de toutes sortes ! Comme dans le *Villette* de Charlotte Brontë ou *Le Bachelier* de Jules Vallès, le sort des maîtres n'y est guère plus enviable que celui des élèves. La figure du " pion " fait partie du répertoire des déclassés, des miséreux. Même dans les écoles destinées aux enfants des classes les plus aisées, règne une discipline contraignante et arbitraire : les vexations n'y sont pas rares, notamment entre élèves anciens et nouveaux arrivés. Les désarrois, comme ceux de l'élève Törless de Musil, y sont monnaie courante. Étudier est un mal nécessaire, personne, sauf quelques rares illuminés, n'y trouve du plaisir. L'école est un lieu sans joie, que hantent les amours troubles et les amitiés trop exaltées. Rares sont les auteurs qui lui trouvent quelque attrait, comme le calotin Gilbert Cesbron dans *Notre prison est un royaume* (qui correspond pourtant à ma propre expérience de l'école secondaire, dans les années cinquante, il est vrai, au début d'une période que l'on peut dire de libération). Et surtout, le plus gros reproche que l'on fait à l'école est qu'elle est coupée de la réalité sociale, dc la " vie ", en dépit des efforts de certains pionniers comme Freinet ou Decroly pour remédier à cette terrible tare.

Il fallait donc faire entrer dans l'école, en même temps que le plus grand nombre de ceux qui étaient censés en être capables (et qui cessaient, langage politiquement correct oblige, d'être des " méritants ", ou pire, ce que je fus vers mes douze ans, un " mieux doué "), la Vie elle-même, dont du reste ces artisans de l'explosion de la démographie scolaire étaient les porteurs patentés. La vie, cela voulait dire la fin des contraintes, la liberté de parole, la créativité en dehors des modèles rebattus. Summerhill devint un modèle, à l'exact antipode des bahuts de l'entre-deux-guerres. Notons que cette conception de la vie était foncièrement fallacieuse. Alors que dans les mondes civil et professionnel continuait de régner une stricte discipline des corps et des esprits, sous quelques oripeaux de séduction qu'elle puisse se présenter dans certains cas assez rares (la naturalisation, par les salaires octroyés, du stress des cadres, par exemple), on a prétendu faire pénétrer dans les établissements scolaires ce qui en était plus ou moins la négation. Du moins en esprit, car le laxisme, voire la licence, ont été assez rares, en dépit de certains fantasmes réactionnaires, dans les lycées et les collèges, pour ne pas parler des " petites écoles ". Mais l'esprit a bien été, dans de nombreux pays, de joindre l'agréable à un utile au demeurant redéfini, de faire plaisir aux élèves (mais pas nécessairement aux maîtres), de rabattre sur les exigences pour en remettre sur les délivrances. Et c'est ainsi que l'école rencontra la culture (médiatique) de masse, dont les élèves, exposés dès le plus jeune âge aux sons et images de série, étaient imbibés. Et qu'elle s'efforça, avec des fortunes diverses, faute notamment de moyens et peut-être à cause d'une certaine inertie professorale (pas généralisée), de répondre aux exigences du Divertissement.

On se rappellera peut-être qu'à l'époque du grand essor de la sociologie des loisirs, ses théoriciens les plus renommés avaient attribué à ceux-ci, ou plutôt au loisir, au singulier, leur englobant noble, trois fonctions essentielles[11], à savoir le délassement, le divertissement et le développement de la personnalité. Cette théorie des " 3D " devait connaître de beaux jours, avant de sombrer dans le naufrage des belles idées sous les coups de boutoir de la critique de la culture de masse. " Délasser " signifiait réparer les effets de la fatigue, et correspondait à l'ancienne exigence de " reconstitution de la force de travail ". " Divertir ", devait servir à lutter contre l'ennui né avant tout des contraintes liées à l'obligation de travailler. " Développer sa personnalité " signifiait consacrer une partie de son temps libre à se cultiver, à acquérir de nouvelles connaissances et compétences, à perfectionner ses possibilités d'action dans la Cité. Cette dernière fonction était à peu près la mission que la pensée laïque réservait à l'école. Or, voilà que, sous prétexte qu'on s'y ennuyait autant qu'au bureau ou à l'atelier, il fallait désormais s'efforcer d'y introduire le plus de divertissement possible, afin de rendre les apprentissages plus aisés et plus amusants, ce qui ne pouvait évidemment être atteint qu'au détriment de ceux-ci. Comme le monde ambiant, l'école a été convertie aux deux seuls premiers " D " de la triade. C'est bien ainsi sans doute que la vie y a pénétré, mais sous une forme qui impliquait le recul sensible de sa mission essentielle, c'est-à-dire transmettre des connaissances, alors que l'obligation de travailler, elle, subsistait dans le monde ambiant. De travailler, ou d'avoir travaillé, le statut de retraité ne s'acquérant qu'au prix du labeur autrefois consenti ou plutôt, le plus souvent, subi. En même temps que le souci de divertir, l'école a également endossé celui de délasser, ce qui a entraîné une forte réduction des heures de cours, la semaine des quatre jeudis devenant de moins en moins utopique.

***

On sait ce qui s'est passé. L'agréable s'est joint à une redéfinition de ce qui était utile, en réalité de ce qui était attendu du Grand Régulateur des investissements scolaires, tant ceux que réalisent les organisateurs de l'instruction que ceux que réalisent les parents d'élèves, consommateurs d'école comme de tout le reste, le sacro-saint marché de l'emploi. La première victime, du moins dans les établissements où elle avait droit de cité, a été, en raison de ses effluves élitistes, la culture générale. Les cours sur lesquels elle reposait, les langues anciennes, la littérature, l'histoire, la philosophie, là où elle existait, ont disparu ou ont été réduits à des portions congrues. Il est significatif, à cet égard, que l'Organisation de Coopération et de Développement Économique (OCDÉ), espèce de super *think tank* de la " nouvelle économie ", lorsqu'elle s'avise de tester les compétences scolaires de nos chères têtes blondes, ne fait porter les épreuves que sur la langue vernaculaire, mais dans ses aspects non fictionnels, et sur les sciences et les mathématiques. Ce qui est " utile ", c'est de pouvoir lire un rapport (par exemple, de l'OCDÉ) traitant de matières techniques et comportant diverses formules de calcul. Il n'est pas " utile " d'être " compétent " en histoire ou en littérature, fût-ce seulement celle de la langue officielle de son pays.

L'une des conséquences de l'inondation télévisuelle est la disparition de l'histoire en tant que récit chronologiquement situé. À la télé, tous les événements sont contemporains, même si la date en est indiquée. Et d'ailleurs, la disparition d'un enseignement de l'histoire digne de ce nom à l'école rend très difficile la fixation de repères pour le jeune (et le moins jeune) téléspectateur.

Après tout, l'uniforme du soldat Ryan, celui dont Spielberg dit qu'il faut le sauver, est peu différent de celui des protagonistes d'*Apocalypse Now*. Et d'ailleurs, où se trouve la Normandie ? D'où la confusion des guerres, des guerriers et de ceux qui les mènent. Quand Begnini traite en comédie la vie concentrationnaire dans *La vie est belle*, pourquoi la vision qu'il propose serait-elle moins vraie que celle que propose *Nuit et Brouillard* (qui ne fait rire personne, donc qui ne divertit pas) ? Si cela passe dans le poste, c'est que c'est vrai, ou faux, ou vrai et faux, qu'importe. Le remplacement de l'histoire par la mémoire n'arrange rien. L'abus de commémorations, assorties ou non de cette marotte ridicule qu'est l'acte de repentance, tend à substituer au récit véridique des événements du passé, base de l'élaboration de jugements politiques et moraux, une vision mythifiée, souvent rapportée à la construction de mythiques " identités ", sans que le rappel chronologique y trouve son compte. L'amnésie historique des jeunes s'abreuve à cette déprogrammation des références historiques. Le monde, passé ou présent, est un spectacle qui devrait avant tout être divertissant. Et lorsqu'il ne l'est pas, seule de l'émotion devrait en naître ; les données contextuelles deviennent alors superflues. Si l'on massacre des mabouls à Kaboul (rires) et si l'on y délivre des femmes dont les vêtements singent des pompes à essence (pleurs), en quoi serait-il " utile " d'ajouter à ces images un cours d'histoire politique sur l'Afghanistan ? D'ailleurs, on n'a pas le temps. Le (la) journaliste (sic) doit encore faire la retape pour le dernier album d'Alain Souchon et la pub doit passer à l'heure prévue. Une petite citation quand même : " L'irruption de la presse à scandale dans les pages culturelles (...) est un phénomène de crise révélant une tendance toute-puissante à la réorientation des médias, qui passent de l'information à la production d'émotion. Au lieu d'encourager les distinctions, cette fraction de la presse considère comme une aubaine le fait de pouvoir déclencher par un journalisme de l'excitation verbale des psychoses de simplification massives. "[12]

Encore l'auteur ne connaissait-il pas, quand il a écrit ces lignes, ces déclencheurs insignes de psychoses que sont *Loft Story* et *Star Academy*. Et voilà pourquoi votre fille n'a pas d'histoire, mais seulement des histoires. Comme me l'a dit un jour à l'examen une étudiante se destinant, comme on dit, à devenir journaliste, répondant (ou plutôt, ne répondant pas), elle qui était née vers 1970, à une question sur la crise de Suez (1956) : " Je n'étais pas née, je ne suis pas censée savoir. " Authentique : l'ingénuité y était, et la sincérité sans doute aussi (je l'ai collée pour cette question).

Il en va de même de la littérature. Un autre étudiant demandait récemment à l'assistante d'un collègue qui avait osé parler du théâtre classique : " Qui est ce Racine dont Monsieur M. a parlé ? On ne nous en a jamais parlé. " Je reviendrai sur l'université.

Le malheur est que de tels exemples ne sont pas isolés. L'école ne promeut guère la lecture, et encore prônera-t-elle, si elle y accorde quelque importance, davantage *Harry Potter* que *Les Misérables* (que les élèves ont vu sous la forme d'un dessin animé japonais, avec une Cosette ressemblant à une héroïne de manga). Alors qui sont Grandet, Héloïse, Quasimodo (quoique, attention, ils ont vu *Notre-Dame de Paris* en comédie musicale, et les bêlants Ségara et Garou font peut-être partie de leurs " idoles "), Hamlet, Harpagon, Natacha, Sancho Pança, Roquentin, et tant d'autres ? Inconnus aux bataillons des batteurs d'estrade, à moins qu'un film " populaire " ne leur ait accordé les traits de l'une ou l'autre vedette (soit dit entre nous, Audrey Hepburn, en Natacha dans *Guerre et Paix*, ce n'était quand même pas mal).

La contagion moderniste a gagné l'enseignement au détriment des bons vieux instruments qu'étaient les manuels et les cartes de géographie. Il n'y a guère, la ministre de l'Enseignement de la prétendue " Communauté française de Belgique " annonçait fièrement, à la tribune d'un Congrès " culturel " du parti socialiste, le sien : " Dans un proche avenir, toutes les écoles de la Communauté seront connectées à Internet, vingt-quatre heures sur vingt-quatre. " J'ai alors entendu dans mon dos murmurer un enseignant : " Vingt-quatre heures sur vingt-quatre, elle ne sait sans doute pas que les écoles ne sont ouvertes que six heures par jour pendant cinq jours par semaine. "

Rébellion du pesant bon sens de chez nous, certes. Mais il est des moments où, sans le vouloir, le bon sens est élitiste. Depuis lors, les écoles ont été connectées, et la plupart se demandent ce qu'elles peuvent bien faire de et avec leur connexion. En attendant, le livre devient un objet exotique, l'histoire commence avec Loana, et la littérature se réduit à quelques histrions de l'écran. *Fahrenheit 451* serait-il le seul avenir qu'il nous reste ?

des choses et des mots

On ne s'étonnera pas trop que je m'étende un peu longuement sur l'université. Après tout, voilà un endroit que je n'ai plus quitté depuis quarante-cinq ans, depuis le jour où je l'abordai, tremblant de l'appréhension qui seyait à un gosse d'une famille modeste n'ayant jamais eu l'expérience de cette redoutable institution, en qualité de novice venant frapper à la porte du Savoir. J'y suis resté bien plus longtemps que prévu, y creusant mon terrier de plus en plus profondément d'année en année, petit chercheur d'abord, puis petit assistant, puis petit professeur pour finir professeur du grade le plus élevé, comblé de peu de choses certes, ni de gloire ni surtout d'honneurs, mais propriétaire d'une rente de situation qui, vue d'en bas, peut paraître bonne, voire enviable. Sans doute suis-je une illustration de ce vieil adage selon lequel " lorsqu'on n'est pas capable de faire quelque chose on l'enseigne ". Ce à quoi je me suis attelé avec un enthousiasme dont il ne reste aujourd'hui que quelques résistants lambeaux. J'ai esquissé ailleurs une critique de l'université de masse[13], laquelle est en train de vivre un assez profond bouleversement, à la suite de l'irruption, dans son fonctionnement, des prétendues " nouvelles techniques de l'information et de la communication ", les fameuses et fumeuses NTIC avec lesquelles des millions de cuistres composent leurs gargarismes quotidiens, et, dans son recrutement, de l'*amnésisation* berlusconesque des nouvelles générations d'étudiants.

Je sais qu'on traitera toujours de vieux cons ceux qui, au fur et à mesure que s'avance leur âge, vont proclamant toujours plus haut que " le niveau baisse ", que les étudiants sont de plus en plus mauvais, et autres jugements aussi péjoratifs. Ces litanies, fera-t-on observer à juste titre, ont été égrenées à toutes les époques. J'ai toujours essayé de ne pas sombrer dans cette gâteuse manie. Et cependant, mon impression confortée par divers travaux en lesquels j'ai plutôt confiance[14], est qu'il s'est produit il y a deux ou trois lustres un saut qualitatif. Un saut, ou plutôt une chute. Tout se passe comme si, pour parler comme l'autre, les étudiants du premier cycle, en France, en Belgique et sans doute ailleurs, si j'en crois mes collègues de différents pays, ne rompaient pas avec les habitudes prises dans le secondaire et se comportaient dans leur grande majorité comme s'ils n'avaient pas changé de milieu, comme s'ils n'étaient pas tenus de revêtir désormais les habits de la maturité et de la prise au sérieux de leur nouveau métier, celui d'étudiant du supérieur.

Leur infantilisme n'est toutefois qu'une expression de l'infantilisation générale à laquelle la médiatisation soumet la population des pays occidentaux (pour les autres, les religions s'en chargent).

L'adolescence devient l'âge de référence, dont l'attribut majeur est la capacité de se divertir (s'éclater, avoir du fun, etc.). Récemment, sur l'écran d'une chaîne publique belge francophone, une jeune idiote expliquait, dans cette langue approximative qui est la marque de sa génération, que si elle avait raté sa première année à l'université, c'est parce que les profs ne s'étaient pas occupés d'elle, ce qui n'était pas gai. Ce qui devrait primer, c'est la gaieté, le divertissement, quoi (pour dire comme eux, quoi).

Par vocation multiséculaire, l'Université est censée former les élites, lesquelles, dans les pays démocratiques ayant adopté, après la deuxième guerre mondiale, la forme de l'État-providence, devaient être recrutées dans le vivier de toutes les brillantes intelligences de la nation, quelle que soit leur origine sociale. L'égalité des conditions de départ, l'enrichissement général d'une population disposant des bienfaits de la sécurité sociale aidant, auxquelles on ajoutera diverses aides spécifiques (bourses, réduction de droits d'inscription, etc.), devait se muer en égalité des chances. Dans la foulée de la (relative) explosion démographique de l'après-guerre, l'enseignement supérieur, au recrutement autrefois étroit, va s'ouvrir à la masse et, comme la culture du même nom, va devenir " de masse ". Pour le meilleur et pour le pire, mais les années passant, on se prend à désespérer de voir jamais le meilleur. Dans les pays où l'accès à l'enseignement supérieur connaît peu ou pas d'entraves, en France, en Belgique ou en Italie par exemple, le déchet de la première année est considérable[15].

La possession du bac ou d'un autre titre de fin du secondaire ne constitue pas un passeport garantissant la réussite dans le supérieur. Plus de la moitié des postulants à la Faculté et aux filières de même niveau capotent en première année. Il est devenu vain de réclamer de l'enseignement secondaire, en état de sidération face à la culture médiatique, de veiller à mieux préparer les futurs étudiants du supérieur. On pourrait aussi, pour limiter les dégâts, instituer des filtres d'évaluation ou carrément des examens d'entrée[16]. Il va de soi que les étudiants et les mouvements politiques qui croient y recruter une clientèle complaisante s'y opposent farouchement.

L'égalitarisme intégral se substitue au souci d'égalité des conditions, et l'étudiant recalé au niveau Bac + 1 devient une victime emblématique de l'élitisme forcément " bourgeois ", comme le " sans-papier " l'est du nationalisme mêmement qualifié (et donc de l'impérialisme capitaliste mondial, ce qui n'est sans doute pas tout à fait faux, mais l'analyse qui sous-tend ce jugement est tout à fait différente : connaissances économiques et géopolitiques contre slogans interminablement recyclés). Dans cette cohorte où je ne crois pas exagéré d'écrire que figurent 10% d'analphabètes fonctionnels, on ne trouverait que des martyrs de l'arrogance des " classes dominantes ". Cela me semble hâtivement dit, car la rupture culturelle affecte toutes les origines sociales.

Touchés par l'idéologie de l'*entertainment*, du refus de l'effort, du mépris du perfectionnisme, à mille lieues de l'ascèse qu'exigent la reconnaissance et l'assimilation de savoirs nouveaux, les étudiants d'aujourd'hui ne songent qu'à retarder le plus possible leur " entrée dans la vie ", en s'" occupant " de la manière la moins pénible possible. À moins qu'ils ne s'efforcent de satisfaire aux ambitions de parents davantage investisseurs en compétences que consommateurs de qualifications. Je force certes le trait, comme dans l'ensemble de ces pages. Mais le culte d'une certaine ignorance, l'aversion à l'égard de tout intellectualisme (" Nous, des intellectuels ? Jamais. ") ne sont pas des symptômes que j'aurais imaginés en raison du culte d'un certain âge d'or d'avant la ruée sur les formations supérieures. Trente-cinq ans au moins d'observation de ces Bororos de chez nous que sont les pré-post-adolescents, avec les instruments de mon métier, ne me garantissent évidemment pas contre les aigreurs d'un professeur vieillissant à qui son métier commence de peser. Je m'en remets donc aux jugements de mes lecteurs, sans doute aussi peu friands que moi de l'argument d'autorité.

Sous la pression de ces masses constituées en partie de " jeunes " mal préparés à entreprendre des études supérieures ou qui en sont simplement incapables, l'Université a dû s'adapter, avec pas mal de ratés. Elle a dû abaisser ses critères de jugement, accepter que beaucoup de ceux et celles qui y enseignent consacrent moins de temps à la recherche, sinon plus de temps du tout. Elle s'est aussi intensément bureaucratisée, tout en cédant à la mode de la modernolâtrie, ce que Taguieff appelle le bougisme ou le mouvementisme. La course à l'informatisation en est une illustration particulièrement marquante. Mais on pourrait aussi invoquer l'adoption d'un modèle d'" unité de production ", dans lequel la notion de rendement occupe une place prépondérante. Dans cette fabrique de certifications, entrent des bacheliers, et il en sort des diplômés. Le rendement est ce qui importe. Qu'il soit mauvais au premier cycle ne semble toutefois pas inciter les dirigeants de l'enseignement supérieur (ou alors ils n'osent pas le proclamer en public) à proposer une meilleure sélection du matériau d'entrée, mais bien à veiller à la mise en place de dispositifs de " remédiation ", consommant beaucoup d'argent et d'énergie, et dont les effets restent assez discutables.

Que l'on adopte ou non la notion de rendement, ce qui est critiquable à l'égard du taux élevé d'échecs aux premiers cycles là où n'existent pas de filtres à l'entrée, ce n'est pas seulement la somme d'échecs personnels et de ressentiments qui en découlent (encore qu'il ne faille pas les tenir pour négligeables : que d'existences mal barrées par erreur d'aiguillage, de résignations favorisant l'alimentation du terreau culturel en produits berlusconisés !), mais aussi la perte que représentent pour l'Université toutes ces heures consacrées à enseigner le b-a-ba à des ignares immatures, au détriment de la recherche, surtout fondamentale, et des formations de pointe. L'exigence de réussite, quitte à se satisfaire de réussites très modestes et au prix d'un sérieux relâchement de la vigilance docimologique, ne s'accorde pas bien aux exigences traditionnelles de l'institution universitaire. Évidemment, on peut toujours dire qu'on se fout pas mal de la tradition. Mais tous ceux qui n'ont de cesse de déclarer que tout ce qui est d'hier est nécessairement ringard peuvent-ils s'accommoder d'une telle déperdition au premier stade de l'enseignement supérieur ? Certes non, et c'est bien pour cela qu'ils prônent d'autres modalités d'organisation et de formation. Alors que les partisans d'une certaine continuité dans le changement aimeraient voir instituer, à l'entrée du supérieur, un système d'orientation qui éviterait à la fois le gaspillage des ressources et l'entassement des rancoeurs, les thuriféraires de la " nouvelle élite ", qui n'a guère de points communs avec celle dont je me fais ici le chantre, cette " classe de travailleurs immatériels et manipulateurs de symboles "[17] verraient d'un bon œil l'instauration de filières hypersélectives, intervenant sur un marché spécifique des formations et menant à des certifications en résonance directe avec les attentes de la globalisation néo-libérale (qui est plutôt en vérité " paléo " que " néo "). Rien à voir avec le projet, très ancien lui aussi, des Grandes Écoles à la française. Ni, évidemment, avec l'égalité des chances, puisqu'il s'agit ici de s'en remettre au marché, donc aux possibilités qu'ont certains d'y jouer. Mais c'est peut-être là un autre débat, qui doit aussi tenir compte des changements annoncés dans les universités européennes sous l'égide des eurocrates bruxellois, dans la foulée des déclarations de la Sorbonne, de Bologne, de Salamanque, etc. À suivre, comme on dit dans la presse branchée.

Mais l'évolution du contenu des savoirs, au sein de l'Université, ne laisse pas d'être aussi inquiétante (du moins à mes yeux d'élitiste endurci). L'institution a été contaminée par le virus du relativisme. Ce qui vaut tant pour le contenu des savoirs que pour leur emballage. Si tout se vaut, rien ne vaut. Cette constatation s'applique avant tout, certes, aux sciences de l'homme, mais je ne suis pas sûr que les sciences de la nature soient restées immunisées contre cette contagion. Je ne plaiderais évidemment pas pour un retour au sectarisme ou au dogmatisme d'antan, sinon de naguère, par exemple ceux qui régnèrent à l'époque de la bienpensance précédente, la marxiste. Toutefois le problème ne se situe pas d'abord dans les laboratoires et les séminaires, mais bien dans la tête des étudiants et des premières générations d'enseignants, chercheurs produits par l'université de masse parvenue à son plein régime. Si le but de l'enseignement supérieur n'est pas de fournir les étudiants en certitudes, il est du moins de leur permettre de formuler des jugements circonstanciés avec la seule aide de leurs cerveaux. Or, ce dont il s'agit ici, c'est du rejet de toute possibilité de " voir clair " dans quelque chose, au nom de l'indécidabilité universelle, à partir du moment où la Raison n'est plus considérée comme l'instrument prépondérant dans toute recherche. D'où la confusion entre le raisonnement vigilant et l'engouement sentimental, entre la critique rigoureuse et le goût spontané (ou ce qui se prend pour tel). La cause en est tout bêtement ce que j'ai déjà annoncé plus haut, l'absence de culture générale.

Pauvre culture générale ! Pour les étudiants d'aujourd'hui, cette notion évoque nécessairement une espèce de sépulcres blanchis, l'" encyclopédisme " de l'enseignement d'autrefois, bête noire de tous les réformateurs de l'école et des chantres de l'ouverture de celle-ci sur la " vie ". Plutôt une tête bien faite, paraît-il, qu'une tête bien pleine. Le malheur est, qu'à force d'être vide, la tête se transforme en une réduction à la Jivaro. À tête creuse, discours creux : ceux qui condamnent l'encyclopédisme – du reste imaginaire s'agissant de l'école que j'ai connue au lendemain de la seconde guerre mondiale – ignorent de quoi il s'agit réellement, et que cela n'a rien à voir avec ce qui est attendu à *Questions pour un champion.* L'étudiant ou l'étudiante contemporain(e) se fait gloire d'être inculte, de ne pas avoir rempli son esprit d'un fatras de choses prétendument inutiles. Mais ne pas remplir n'implique pas que l'on doive trouver la vacuité réjouissante ou digne d'éloges. Ne rien connaître en littérature, en art, en musique (surtout en musique, parente très pauvre sinon totalement déshéritée de l'enseignement secondaire), en géographie, en sciences élémentaires (pas les quatre cents et des particules composant un quelconque atome, mais bien, par exemple, le principe d'indétermination de Heisenberg ou les composants principaux d'une cellule) et surtout en histoire, en particulier celle de son propre pays, empêche que d'autres connaissances soient acquises et servent surtout à fournir des aliments à la réflexion critique. Si les noms de Diderot, de Darwin, de Keynes ou de Blum ne me disent rien, je ne trouverai pas saugrenu de préférer Brel à Baudelaire ou Jonasz à Mozart, sauf à être capable – car en soi de telles préférences pourraient être étayées sur une connaissance approfondie des productions des uns et des autres – d'expliquer ces choix autrement que par un désinvolte " j'aime mieux ". Ce qui, de la part de jeunes intellectuels (mais j'ai bien souligné que cette appellation leur déplaît souverainement), est assez affligeant, on en conviendra peut-être.

Je ne plaide pas ici pour une culture générale qui ne serait qu'ornementale, un peu dans l'optique de cet aphorisme aussi creux que ridicule qui veut que la culture " est ce qui reste quand on a tout oublié " (on l'attribue à Édouard Herriot, qui a raté là une occasion de se taire). Au contraire, il s'agit de rappeler la nécessité de se bien connaître pour bien agir, ce qui n'est possible que si l'on connaît le contexte dans lequel on vit, dans ses multiples dimensions dont l'historique est l'une des plus nécessaires. Mais nos éclectiques par ignorance ne veulent point trop se fatiguer les méninges, de telle manière qu'à force de ne pas se fatiguer, les méninges finissent par s'atrophier et l'on devient ainsi fan de tel bêleur ou supporteur de tel cogneur de balle. Être " cultivé ", c'est précisément ne rien avoir oublié, ou si l'on a oublié quelque chose, être capable de le retrouver quelque part. Et si possible pas sur Internet, miroir aux alouettes pour les accros de la modernité avancée. Je ne suis pas sûr, que tout(e) candidat(e) étudiant(e) se présentant aux portes de l'enseignement supérieur soit capable d'utiliser un banal dictionnaire et d'ailleurs je ne suis pas davantage sûr, au risque de me répéter, que tout(e) candidat(e) étudiant(e) sache lire et écrire. Ou plutôt j'en suis sûr, ayant pu le constater à plusieurs reprises sur le terrain. Corriger des copies de première ou de deuxième année constitue une épreuve très pénible. Outre l'infantilisme ou la négligence des graphies, et bien entendu les fautes d'orthographe tant d'usage que grammaticale, on est frappé par le simplisme des réponses, leur caractère inachevé tout comme d'ailleurs leur nombrilisme (" moi je pense comme Hegel… "). On n'est parfois pas loin des borborygmes de *Loft Story*[18]. Et il faut rester indulgent, car il ne faut pas désespérer les futurs cadres de la Nation…

Il faut avouer qu'il serait vain de compter sur la relève professorale pour renverser la vapeur. Autrefois notable respecté et vivant de manière cossue, le prof de fac est devenu un fonctionnaire moyen, sauf s'il enseigne la stratégie des entreprises, pardon la *corporate governance* ou la gestion des marchés financiers. L'inflation de postes y est sans doute pour quelque chose. Mais une conception plate de la démocratisation n'y est pas pour rien. Dans les pays où les titularisations sont acquises jusqu'au départ à la retraite et peuvent donc être considérées comme des rentes de situation, il est difficile de se défaire d'un(e) collègue devenu(e) improductif(ve) ou dont l'essentiel de l'activité professionnelle se déroule dans des missions ayant des lieux de villégiature comme destination. Si l'obligation de publier (" *publish or perish* ") s'impose – à tort, selon moi – pour conquérir un poste, une fois la place investie, on cessera d'écrire ou l'on se contentera de replacer, sous des atours différents, les mêmes discours qui ont permis d'entrer dans la carrière. La protection des " droits acquis " renvoie à une conception assez paradoxale de la démocratie, puisqu'elle bloque le recrutement d'enseignants plus motivés ou plus créatifs. Je ne suis certes pas partisan de l'introduction à l'Université de la logique du marché, mais je ne m'opposerais pas à la nécessité de rendre compte de son travail à des juges compétents à intervalles réguliers. Par juges compétents, j'entends évidemment des pairs dont la réputation, y compris internationale, est bien établie. Cela n'empêcherait pas certains abus, mais ceux-ci seraient moins criants que le maintien en fonction de figuiers stériles dont la renommée n'a pas franchi les portes des secrétariats de département. On reconnaîtra qu'il s'agit bien là de propos élitistes.

Mais il est vrai qu'une réputation surabondante peut être aussi cause de tenue à distance, de piétinement dans la carrière, de complots et de tracasseries sans fin. Le Jardin d'Académie est ainsi tout frémissant de bruissements qui vont du ragot à la cabale en bonne et due forme, et les esprits distingués se garderont de s'y promener, sauf nécessité absolue. Tout vénérable " académique " devrait toujours avoir accès à un Aventin permettant de jeter sur ce " petit monde " un regard finalement plus amusé que courroucé.

Un autre aspect discutable de la démocratisation des carrières universitaires est l'abandon des rituels propres à l'institution, qui la rendaient plus visible qu'à l'heure actuelle. Ici encore, il ne s'agit pas de nier que ces mises en scène ont souvent servi de masque à de peu glorieuses hypocrisies. Mais à force de banaliser soutenances et autres manifestations spécifiques, on en vient à faire descendre l'institution au niveau d'un service public parmi d'autres et comme ces autres, menacé de dissolution dans l'économie de marché. Déjà pas mal d'universités ou grandes écoles se sont lancées dans la consultance, la prestation de services autres que la recherche proprement dite, sinon la production de biens. *Spin-offs* et *start-ups* font désormais partie du vocabulaire universitaire. On a pu entendre certains responsables universitaires se réjouir de la disparition de l'" université de papa " et de la transformation de celle-ci en une " entreprise comme une autre ". Je trouve de tels propos désolants. Il n'y a pas de raison à mes yeux pour que l'entreprise devienne le seul modèle possible pour toute organisation humaine. Le savoir n'est pas une marchandise. Pas davantage que l'art, par exemple. Ce qui n'a pas empêché, dans ce cas aussi, certains esprits " résolument modernes " de proclamer que les musées étaient ou devraient être des entreprises comme les autres. De nos jours, la culture, à l'instar des lieux de vacances, des parcs d'attractions ou des sports de masse, c'est d'abord du fric.

Le lieu de fabrication des élites, du moins civiles, n'est plus à la hauteur de sa tâche. On rétorquera que l'enseignement supérieur étant devenu de masse, il lui serait impossible de produire une masse d'élites. Cet argument n'est pas dénué de pertinence. Mais on peut lui opposer qu'une meilleure orientation à l'entrée, voire, pourquoi pas, une sélection organisée dans le respect du principe de l'égalité des chances, permettrait d'être plus exigeant à l'égard des étudiants, de leur enseigner des matières plus " pointues " de manière plus approfondie que l'on est contraint de le faire aujourd'hui, d'affiner sensiblement leur esprit critique et de les doter d'un véritable esprit de recherche dans tous les domaines (même ceux qui ne relèvent pas du domaine de la recherche proprement dit : d'une ville à visiter, d'un livre à lire, d'un grand ou petit cru à boire, tout comme d'un projet de vie qui combinerait épanouissement personnel et participation à l'émancipation collective). On est loin du compte, et les petits-maîtres et petites-maîtresses que le supérieur met d'ordinaire sur le " marché ", arrogants et prétentieux, perclus de psittacisme et incapables d'imagination ne sont, pour reprendre l'expression d'Edgar Morin, qui ne fut pas toujours aussi bien inspiré, que des " ânes diplômés "[19]. Il y a des exceptions, bien sûr, mais la tendance générale est bien celle-là. Et la fabrication par l'Université des futurs cadres des entreprises, âpres au gain et férus de réussite criarde à vingt ans, ne fait que surenchérir sur l'arrogance et la vacuité intellectuelle.

Il faudrait aussi, évidemment, que l'enseignement secondaire cessât de se considérer comme une succursale de Disneyland. Ici aussi, il y a des exceptions. Il est des profs de lycée ou de collège qui sont de véritables intellectuels et qui s'efforcent, sans recourir aux subterfuges du cercle des poètes disparus, d'inculquer une culture digne de ce nom à leurs élèves. Le risque est évidemment toujours grand de voir leurs efforts sabotés par leurs supérieurs, leurs collègues ou les parents d'élèves, redoutable engeance d'investisseurs en certifications rentabilisables. On ne dira jamais assez que la vocation première de l'école est de transmettre des savoirs, tout court, et accessoirement les savoir-faire qui vont avec ces savoirs. Les parents devraient avant tout s'efforcer de soutenir l'école dans cette mission, au lieu de se mêler de sa gestion ou de ses programmes. Un autre risque est pour les élèves formés à telle enseigne enseignante de trouver bien décevante leur entrée dans le supérieur. Ceux qui n'ont pas connu la médiocrité peuvent souffrir considérablement d'entrer en contact avec elle. Reste à savoir où est la poule et où est l'œuf. L'école secondaire a-t-elle l'université qu'elle mérite, ou serait-ce l'inverse ? Quittons les brouillards des disputations somme toute oiseuses, et revenons à notre cher élitisme.

des mots et des choses

L'autre soir, à l'issue d'une conférence que j'avais faite sur la " télé-réalité ", ce que je suppose être un imbécile a insinué que j'étais un intellectuel " entre guillemets ". J'imagine que les guillemets avaient pour fonction de souligner tout ce que la prétention d'être un intellectuel, en ce début de siècle, peut avoir de saugrenu et d'incongru. Ne pas souhaiter " être comme tout le monde " ne peut relever que d'une présomption insupportable et par surcroît inexcusable. " Ne seriez-vous pas jaloux, demandait l'imbécile, des gains que réalisent les vainqueurs d'épreuves telles que *Loft Story* ou *Star Academy*, vous dont les productions ne vous rapportent rien ? " Il sous-entendait, j'imagine, que le grand public, figure actuelle du " peuple ", ne s'intéressait guère à mes " productions ", ouvrages savants ou de polémique élitiste. Je lui ai répondu que si j'étais en effet un intellectuel, c'était sans guillemets, et qu'au demeurant, ce qui a dû le surprendre très fort, j'étais très peu intéressé par l'argent.

Être un intellectuel et par surcroît dans un pays qui du reste n'en est pas vraiment un, la Belgique, où cette qualification est généralement tenue, guillemets ou pas, pour péjorative, n'est pas chose aisée. J'entends bien être un intellectuel dans la lignée de ceux que les anti-dreyfusards, au début de l'autre siècle ont désignés comme tels, c'est-à-dire ces lettrés qui avaient choisi de s'opposer au sens commun et aux passions communes, et non pas être de ces " organiques " dénoncés par Gramsci, qui ne font qu'accorder une légitimation symbolique à l'air du temps. Ainsi en va-t-il de la plupart des Prix Nobel d'économie, des professeurs de relations publiques, de communication, de marketing, des éditorialistes des magazines de grande diffusion, des journalistes dits d'investigation, des experts médiatiques, des faussaires de renom, genre Attali ou Minc, des apologistes de la société de consolation (Comte-Sponville) ou encore des " passeurs " de la culture de masse, spécialité de certains collaborateurs du *Monde* ou de *Libé*. J'en oublie, évidemment. On en trouve dans les jardins d'Académie où ils mènent grand tapage comme dans les coulisses de *Canal Plus* ou dans les antichambres des " vrais maîtres du monde ", comme les appelle Bourdieu. Les médias sont leur terrain de chasse privilégié[20]. Ils ne cessent d'entonner des péans en l'honneur des " modernisations " indispensables autant qu'inévitables, ou alors de prêcher la résignation à leur égard, quand ils ne célèbrent la religion très post-moderne du " bien dans sa peau ", façon Jacques Salomé ou Catherine Rambert[21]. Ce genre d'intellectuels, qui mériteraient bien, eux, des guillemets, ne constituent que la caste – auto-satisfaite et auto-complaisante – des thuriféraires de la mondialisation économique, même s'il leur arrive de mettre quelques formes à leur servilité. Il en est même qui ont du talent. Le caméléon est leur totem, la brosse à reluire est leur arme. Ils consacrent le plus clair de leur temps à réécrire *Candide*, l'ironie et la dérision en moins, évidemment. Des intellectuels de ce type, qui tout au plus ne pourraient prétendre qu'au statut de demi-solde de la pensée, sont légion : de Philippe Geluck à B.H.L. , on ne peut manquer de les croiser dans toutes les pages et sur toutes les ondes. On n'est certes pas obligé de les lire, les regarder ou les écouter.

Je revendique, pour l'intellectuel tel que je m'efforce de l'être, sans " ", une tout autre place dans la Cité. Nécessairement élitiste, au sens où j'ai voulu définir ce terme au début de ce pamphlet, il n'a cure de la renommée médiatique ou de la vogue des dîners en ville. Non qu'il refuse hautainement de se trouver derrière un micro ou une caméra, instruments pour lui aussi banals qu'une pomme de douche ou un distributeur de billets de banque, pas de quoi en faire une maladie, ou qu'il ne fréquente à l'occasion grands de ce monde ou duchesses – il se trouve parmi ces dernières quelques jolis décolletés et charmants babils. Mais son activité est guidée par une redoutable propension à soumettre tout événement ou tout discours à la réserve d'inventaire. Cette manie de se défier de tout engagement et d'y toujours regarder de plus près devient chez lui, ou chez elle, comme une seconde nature. À l'époque de l'affaire de la Baie des Cochons, alors que je n'avais pas encore quitté ma défroque d'étudiant à l'Université, le dirigeant d'un cercle politique de gauche, voulant obtenir ma signature au bas d'une pétition de soutien au nouveau régime cubain, avait cru m'aguicher en me tenant à peu près ce langage : " Si tu es contre Franco, tu es nécessairement pour Castro. " Je lui avais répondu que je ne tenais pas cette proposition pour incontestable, bien qu'effectivement je me pensais bien " contre Franco ". J'avais refusé de signer et m'étais donc entendu traiter de " fasciste ", comme il se devait alors (et se doit toujours à présent : " fasciste " est une insulte passe-partout, qui sert aussi bien pour stigmatiser les partisans de la Serbie que les opposants au blocus de l'Irak ou encore ceux qui ne reconnaissent pas le génie d'Andrea Bocelli).

Il se peut, cela va de soi, que cet(te) intellectuel(le) se trompe, voire même profère de sérieuses bêtises. Sa vigilance peut être prise en défaut. Comme quiconque, il ou elle possède un cœur et il arrive qu'il ou elle soit aveuglé(e) ou du moins rendu(e) myope par ses sentiments. J'ai, pour ma part, la certitude d'avoir tenu, à l'une ou l'autre occasion des propos dont il ne me reste plus aujourd'hui qu'à rougir. Mais il lui arrive plus souvent d'endosser la tunique disgracieuse de Cassandre. Rôle ingrat, s'il en est. En me permettant, à l'époque de la célèbre Marche blanche de Bruxelles (20 octobre 1996), qui rassembla quelque trois cent mille personnes venues protester contre les " dysfonctionnements " de la justice et de la police belges face aux meurtres d'enfants (notamment dans l'affaire dite Dutroux), de rappeler que dans un État démocratique s'inscrivant dans la tradition des Lumières, il appartenait aux institutions légitimées par les votes du peuple souverain de résoudre les conflits apparaissant au sein de celui-ci, je me suis vu très mal traité par les commentateurs de divers bords[22]. Et pourtant, je maintiens qu'il n'était pas inutile de tirer la sonnette d'alarme, alors qu'il n'a pas fallu un lustre pour que s'opère, dans le vocabulaire politique, le changement de paradigme qui traduit le passage, sous l'égide de la mondialisation, de la démocratie représentative à une démocratie participative[23].

C'est ainsi, qu'outre " dysfonctionnement ", déjà cité, appelé à remplacer " conflit ", l'on a vu entre autres " gouvernance " chasser " gouvernement ", " société civile " faire de même avec " peuple ", tout comme " consensus " à l'égard de " compromis " et encore " forums sociaux " à l'égard de " réunions de militants ". Une multitude d'associations, chacune porteuse d'un " message " particulier, prétendant remplacer le peuple assemblé, se sont ainsi retrouvées face à des experts auto-proclamés dispensés de répondre de leurs décisions devant des corps législatifs élus. Dans le même temps, la vogue des sondages plus ou moins tripotés (et presque toujours irrespectueux des règles techniques qui devraient les fonder), conjuguée à la dramatisation médiatique des enjeux politiques dûment incarnés par des personnalités dont la qualité première doit être le charisme au lieu de la compétence, ont réduit les élections (ou dit en plus moderne : les consultations populaires) à une espèce de folklore qui, dans les pays où elles ne sont (malheureusement, à mon avis) pas obligatoires, attirent de moins en moins de monde.

Tout cela s'est déroulé sur un fond de " flexibilité ", de " compétitivité ", de " nécessaires privatisations ", de " société de la connaissance ", d'" éducation tout au long de la vie ", etc., qui ne seraient que d'indigestes tartes à la crème si la vie quotidienne de tout un chacun n'était si durement affectée par ces slogans censés exprimer une modernisation prétendument inéluctable. Faire preuve de " résistance conservatrice " (Taguieff) pouvait sans doute passer pour un indice de frilosité aux yeux de ceux qui redécouvraient, quelques décennies après Maurras, la classique opposition entre " pays réel " et " pays légal ". Faire remarquer que la Marche blanche n'eut pas de lendemains ne revenait pas à ricaner à propos d'une supposée naïveté de braves gens que le meurtre de Julie et Mélissa avait légitimement bouleversés. Mais ce n'était pas non plus se faire le chantre d'un système immuable qui ne devait connaître aucun aménagement ou aucune amélioration. Si conflits il y avait – et non " dysfonctionnements " – ils pouvaient être résolus par les voies que normalement doit emprunter la recherche des compromis sur lesquels reposent les démocraties " à l'ancienne " (donc, pour moi, " à la bonne "). Il est vrai qu'entre-temps la " gouvernance "[24] de l'Union Européenne s'est substituée aux gouvernements nationaux, et que la subsidiarité a basculé du côté de Bruxelles. Le mirage européen, pour ne pas en dire plus, fait lui aussi partie des objets pour lesquels l'intellectuel sans guillemets réclame le droit d'inventaire.

Tout comme le savoir scolaire s'est diffracté en multiples fragments qu'aucun projet pédagogique digne de ce nom ne parvient encore à unifier, au risque de déboucher sur son effacement (sauf dans quelques domaines techniques, il est vrai, bien en phase avec l'innovatiolâtrie contemporaine), l'espace public s'est fragmenté en une pluralité de " communautés " se réclamant chacune d'une identité spécifique, ce qui lui fait courir à son tour le risque de s'anéantir. On rappellera ici que l'espace public, métaphore de l'arène politique au sein de laquelle s'amorcent les conflits qui opposent diverses passions provenant de sources différentes (en gros : extrême-gauche, gauche, centre-gauche, centre-centre, centre-droite, droite, extrême-droite) et mues par des intérêts au départ divergents, et où s'élaborent des compromis qui permettront de dépasser, tant bien que mal, ces conflits, est issu d'espaces publics matériels et encore visibles dans certaines villes anciennes : agoras, forums, grand-place, etc. Les passions singulières ne s'y neutralisaient pas, mais y trouvaient des moyens de composer les unes par les autres, en vue de contribuer ensemble au bien commun, au gouvernement de la " république " (*res publica*). Ces moyens étaient d'ordre verbal : confrontations, controverses (souvent âpres), dépôts de motions, votes. Ils étaient épaulés par les prises de position que l'opinion publique exprimait dans la presse et divers autres produits de librairie. Espace public et opinion publique procédaient tous deux du droit de se rassembler et de s'affronter verbalement reconnu au " peuple ", en même temps que du droit de celui-ci d'exercer son droit de regard sur ce dont il était débattu en son nom, quand chacun de ses membres n'avait pas le droit d'intervenir directement dans les débats. La " publicité " a d'abord désigné la réponse à ce second droit. Le développement de la politique-spectacle a contribué paradoxalement à occulter ce droit et à remplacer les débats par des joutes filmées dans lesquelles la forme l'emporte toujours davantage sur le fond. L'effacement de la presse d'opinion, la prédominance croissante de l'exécutif sur le législatif, avant que s'instaure le pouvoir souverain et incontrôlé des " experts ", ont encouragé cet effacement de la publicité politique à l'ancienne pour la remplacer par diverses formes de mercatique, en un mot, par la pub tout court.

Sur cet espace public affaibli se sont précipitées des passions qui n'ont plus accepté aussi régulièrement de composer entre elles. Elles ont été portées par des groupes se revendiquant d'une appartenance à des communautés souvent inventées pour les besoins de la cause. Chacune de ces communautés, au nom de sa langue, de sa religion, de son origine ethnique, a cru légitime de revendiquer des privilèges dérogeant aux lois communes patiemment élaborées dans les régimes démocratiques sur la base de ce qu'il est convenu d'appeler la *Laïcité* de l'État[25]. C'est ainsi que des Bretons ont réclamé que l'enseignement soit fait en breton en Bretagne, que des musulmans ont réclamé des dispositifs d'inhumation pour leurs morts qui leur soient propres, que dans la même foulée des homosexuels ont revendiqué une niche culturelle pour eux seuls, tandis que des faiseurs de tags proclamaient que les dégâts qu'ils commettaient aux propriétés privées et publiques devaient être considérés comme des manifestations artistiques à part entière, et que des chasseurs exigeaient de pouvoir continuer à massacrer en paix et à tout moment des bêtes qui ne leur ont rien fait.

Qui n'a pas sa petite identité distincte des autres, au nom de laquelle revendiquer une différence devrait justifier un traitement différent ? D'ailleurs, le Liégeois qui vous parle ici… Le célèbre " droit à la différence " finit, dans l'esprit de certains, par devenir un devoir de différence, correspondant involontaire au renvoi dans cette différence par ceux qui, au départ, niaient ce droit. Au lieu que cette différence n'aurait eu de sens que dans les espaces privés, elle exige d'être reconnue comme telle dans l'espace public, au nom d'une " société multiculturelle " ou d'un " métissage " qui ne sont que les mythes au nom desquels on renonce au projet collectif d'édifier une société ouverte à tous, se reconnaissant dans la célèbre triade républicaine. Certes, il ne s'agit peut-être encore que d'une tendance, et quelques foulards ne créent pas une véritable dissidence. Du reste, si des communautés sont en train de se créer, c'est parce qu'entre autres une ségrégation basée sur l'argent de la spéculation immobilière a créé des ghettos, dans lesquels la désaffiliation sociale, la rancœur, la " haine ", comme on y dit, ne trouvent de compensation que dans des identités bricolées à la hâte et affirmées comme autant de défis à un espace public qui n'apparaît que comme le terreau des politiques d'exclusion, pour reprendre un mot trop vite entré dans le vocabulaire à la mode. Cela dit, on peut, tout en condamnant les processus qui les engendrent, mettre en question les identités servant de socles aux communautés qui menacent un espace public intégrateur des différences, par le jeu normal des représentations politiques et des recherches de compromis que soutiennent des majorités cohérentes.

On me dira qu'une telle évolution était inévitable, et on évoquera peut-être la fumeuse théorie du choc des civilisations de Huntington. Je continue à croire qu'une politique d'assimilation des immigrations en provenance de pays pauvres aurait été possible dans les pays riches. Cela n'excluait pas le maintien de langues, de coutumes, de croyances dans les espaces restés privés. La gauche internationaliste a raté là une belle occasion de mettre ses choix idéologiques en pratique. On faisait naguère des Français de tous ceux qui manifestaient le souhait de venir vivre en France et de collaborer au projet national républicain et laïque, qui était un projet d'émancipation. Ce temps semble désormais révolu, sans doute par manque de prévoyance et de réceptivité. Il existe aujourd'hui une opposition entre Français de souche et Français issus d'ailleurs. On me dira que cette opposition est plus que séculaire. L'innovation est qu'elle est à présent, de manière plus ou moins officielle ou officieuse, légitimée par les autorités politiques. On pourrait dire la même chose de la Belgique, en particulier de la Flandre, où cohabitent, pas nécessairement en harmonie, des Flamands " pur lin " et des " allochtones ", cette appellation étant officialisée par les dirigeants de la région flamande.

Il faudra sans doute s'y faire. D'où, dès lors, mon interrogation : et pourquoi les élitistes ne revendiqueraient-ils pas pour eux-mêmes un statut de communauté ? Pourquoi ne nous verrions-nous pas reconnaître une identité spécifique, des traits culturels qui ne seraient qu'à nous, et ne nous verrions-nous pas traités par les pouvoirs publics, ou ce qu'il en reste, d'une manière qui reconnaîtrait ouvertement notre différence et nous permettrait de la rendre visible ? Il s'agit en fait de peu de choses, celles qui font qu'on peut se dire de l'élite, et qui font précisément que ceux qui ne nous aiment pas utilisent cette appellation de manière péjorative. En vrac, je demanderai : qu'on nous conserve un ou deux journaux écrits de manière correcte et dans lesquels les " faits de société ", les " investigations " et le sport, entre autres, ne prennent qu'une place congrue (définition à laquelle ne répond plus *Le Monde*, mais bien la *Frankfurter Allgemeine Zeitung*) ; que des chaînes de radio comme *France-Musique* (le " s " qu'on a ajouté à " Musique " m'apparaît comme une inutile concession à l'esprit multiculturel du temps) en France, ou *Musique 3* en Belgique, continuent à émettre les mêmes programmes qu'aujourd'hui ; qu'on ne touche pas à l'émetteur de télévision *Arte* ; que les plus grands musées du monde soient accessibles en priorité aux vrais amateurs, fût-ce en pratiquant des droits d'entrée rédhibitoires pour les touristes ordinaires ; que les disques classiques continuent à être pressés et offrent des musiques qui ne soient pas seulement tirées du " grand répertoire " ; qu'il se trouve encore des éditeurs pour publier des livres difficiles, des classiques, des traductions de langues peu accessibles ; que ne disparaissent pas les quelques écoles où l'on enseigne encore l'histoire jusqu'à celle du temps présent, la philosophie sans la réduire à la morale, la littérature de la langue vernaculaire, cette langue elle-même dans ses manifestations les plus classiques et les plus contraignantes ; etc. On aura compris où je veux en venir, qui est évidemment à contre-courant des tendances dites bizarrement culturelles de notre actualité.

L'élite est une espèce en voie de disparition. On ne voit pas pourquoi, à l'instar des bisons, des bonobos ou des saumons, on ne se préoccuperait pas de la protéger. Le biotope global serait sensiblement appauvri si cette espèce venait à s'évanouir. Il ne me semble pas raisonnable de compter sur les Verts des différents pays pour inscrire sa protection à leur programme. Tout comme il existe une droite populiste qui se pâme aux coups de gueule d'un Le Pen ou qui voit dans la berlusconisation généralisée l'aboutissement souhaitable de l'histoire occidentale, on trouve une gauche communautariste pour qui tout rappel des spécificités de la culture européenne fait figure de blasphème en regard du brouet dont elle prétend imposer la recette à tout le monde. L'élite ne peut compter que sur ses propres forces et doit par surcroît se méfier de tous ceux qui, sous prétexte de " sponsorisation " ou de mécénat, se mêleraient, dans le monde des affaires, d'acheter son soutien en vue de se voir conférer un " supplément d'âme " exempt d'impôts.

Et pourtant, c'est en accédant au statut d'espèce (ou de minorité) protégée que l'élite pourra continuer à remplir sa fonction sociale, celle de produire des intellectuels capables d'exercer un jugement critique sur l'évolution de nos sociétés, riches ou non, sécularisées ou non. Une niche écologique doit être préservée pour ceux et celles qui prennent sur eux de dire " non ", qui annoncent que le roi est tout nu, qui font montre d'une humeur maussade au sein d'une foule dont le seul souci est de s'abreuver d'*entertainment*. L'élite est le refuge des pisse-vinaigre. Elle vient troubler les réjouissances orchestrées par les médias, gâcher la fête en arrachant les lampions, rappeler aux noceurs que souhaitent être la plupart des contemporains que l'espèce humaine est mortelle et que la prolongation du bal des nantis n'est possible qu'au prix du raccourcissement de l'existence des démunis. Il s'agit sans doute de justice distributive, bien davantage que de moralisme humanitaire. Mais il s'agit aussi de prévenir le danger de la révolte de ces démunis, dont l'expansion d'intégrismes (avec au premier rang celui qui se réclame de l'islam) et les revendications communautaro-identitaires constituent les inquiétantes prémices.

La protection que je réclame en faveur de l'élite ne doit pas être confondue avec une espèce de vague promesse de ne pas nuire à ses membres. L'intellectuel ne pourrait se prévaloir de ce titre sans accepter les risques qu'implique sa position dans la société. Protéger l'écureuil roux, par exemple, n'entraîne pas qu'on extermine ses prédateurs. Mon souci est avant tout que soient préservées les ressources matérielles et mentales dont se nourrissent les intellectuels membres de l'élite au sens où je l'ai entendue dans ces pages. Le droit à la recherche théorique et désintéressée, à l'accès aux textes de référence, à l'échange aisé et non censuré d'informations, à la formation la plus pointue possible, entre autres, vaut bien celui à l'expression identitaire. Le respect du " polythéisme des valeurs ", cher à Max Weber, élitiste s'il en fut, n'est pas second par rapport à celui de l'exercice d'une religion donnée. Si cet exercice nourrit des tentations totalitaires, c'est bien aux intellectuels qu'il appartient de tirer le signal d'alarme, quitte à incommoder tous les communautaristes du monde. L'abus de pesticides est sans nul doute un danger pour l'humanité. Il n'est pas dit que l'abus de la notion de tolérance n'en soit pas un aussi.

Reconnaître à l'élitisme le droit à l'existence en tant que communauté, c'est sans doute sacrifier à un air du temps qu'il m'arrive de trouver trop chargé de miasmes totalitaires. Mais c'est la seule chance de voir survivre, en attendant des temps meilleurs, l'esprit critique, le refus d'obtempérer, la capacité de rappeler quels sont les véritables enjeux de notre survie en tant qu'espèce sur terre. On peut juger qu'il s'agit là de préoccupations futiles. Mais si la mission de l'élite était de défendre et illustrer cette futilité-là, en regard de l'énorme débauche de futilités que nous prodigue la berlusconisation du monde, associée paradoxalement aux revendications rétrogrades de tous les ayatollahs en train de reprendre du poil de la bête, elle n'en serait que plus nécessaire et plus digne de figurer au rang des espèces à protéger.

épilogue :
en guise de refus de mea culpa

J'imagine qu'on jugera mes propos assez imbuvables, prétentieux autant que réactionnaires. Si je me trouvais du côté de ceux que Zygmunt Bauman appelle les " séduits " de la société de consommation, j'en conviendrais aisément. L'idéologie dite post-moderne privilégie largement l'acquiescement, le consentement à une certaine manière de bien penser qui ne se réduit pas à la " pensée unique " en matière d'économie. Il va de soi que dire " non " ou simplement " donnez-moi le temps d'y voir de plus près " ne peut traduire qu'une incapacité à apprécier tous les bienfaits d'un présent munificent, une inaptitude à jouir des bienfaits de l'abondance de biens, de services et surtout de " messages " dont les médias, à l'unisson, entonnent continuellement le péan. Société de consommation (et de consolation !), notre mode présent de vivre ensemble est aussi une société de communication. La preuve en est le recours constant aux téléphones portables, aux claviers des ordinateurs, aux télécommandes des téléviseurs et autres dévédés. La réalité est qu'il ne s'agit pas vraiment de com-munication, l'" avec " de " com " n'impliquant guère de réciprocité, en dépit des prétendus programmes ou logiciels " interactifs ". Même l'usage du téléphone portable ne donne de la communication qu'une représentation fallacieuse. C'est avec l'appareil que ses usagers frénétiques communiquent, la plupart des propos échangés étant de l'ordre du frivole ou du superflu. Dans les autres cas, il s'agit simplement d'un usage délocalisé du bon vieux téléphone fixe, qui ne peut guère passer pour une invention post-moderne : il est vrai que ce téléphone fixe lui-même a souvent été utilisé aussi pour des échanges purement ludiques. Quant à la multiplicité des chaînes télévisées, pour ne prendre que ce second exemple, sachant qu'elles proposent toutes, à quelques très rares exceptions près, les mêmes types de programmes-variétés, sitcoms, " télé-réalité ", foute et autres sports, feuilletons réalisés en série – qu'y gagne-t-on réellement, sauf un empiètement croissant sur le temps que l'on pourrait passer à vivre autrement que par procuration ?

Je proposerais de recourir plutôt au vocable de " munication " pour désigner cet état de mise en condition de recevoir des injonctions imposées par les grands fabricants de divertissement et de sentimentalité, qui engendrent chez leurs cibles cet état d'hébétude qui est devenu celui de la majorité de nos contemporains.

C'est pour apporter ma modeste contribution à la lutte contre cet état d'hébétude que j'ai écrit ce petit livre. Si élite il doit y avoir, et étant bien entendu qu'elle est ouverte à tout le monde, son mode de recrutement reposant sur d'implicites cooptations, son rôle social est de proposer une autre lecture des faits que celle qui est assénée massivement à chaque instant par les fanfares berlusconesques. Si le mot ne désignait une chose dont je reconnais qu'elle ne rencontre pas mes faveurs, je dirais qu'il s'agit de déconstruire les fausses évidences dont se nourrissent les *doxas* ambiantes. Semer le doute, voire l'inquiétude, fait partie de la mission de l'élite. À commencer par cette illusion municationnelle dont je viens de parler.

Il n'est pas évident, en effet, qu'il existe des " lois de l'économie " auxquelles on n'aurait pas d'autre choix, comme le claironnait la redoutable Maggie Thatcher, que de se soumettre ; que ce qu'on appelle la culture américaine doive aliéner tous les êtres pensants sur la Terre ; que les forts doivent écraser les faibles, selon une lecture complètement dévoyée de Darwin[26]; que tout ce qui relève du passé doive nécessairement être considéré comme périmé ; que tous les goûts soient comparables, parce que toutes les " cultures " se valent ; que les religions, quelles qu'elles soient, sont constituées d'un noyau de tolérance et d'amour ; que les jeunes, parce qu'ils sont jeunes, ont nécessairement quelque chose à dire ; qu'il faille " réenchanter " le monde à grand renfort de paillettes médiatiques ; que l'accumulation de fric doive être l'*ultima ratio* de tout comportement ; et je laisse au lecteur le soin de continuer la liste…

À mal profond, remède de cheval. Le rôle premier de l'intellectuel, sans guillemets, est d'alerter ses contemporains sur la propagation des infections et des nuisances dans le domaine des idées et des comportements qui leur sont liés. On jugera que lui attribuer un tel rôle, que d'aucuns assimileront à un privilège, relève d'une vision fort vaniteuse des choses. Les intellectuels ne sont légitimés par aucune institution ou aucun corpus juridique reconnus. On ne naît pas intellectuel, on le devient, et par diverses voies et moyens, parmi lesquels le diplôme d'enseignement supérieur est loin d'être le plus nécessaire. Les campus et les académies sont remplis de pontifiants imbéciles, tandis que l'on trouve des " fins lettrés ", autre nom pour intellectuels, dans des petites écoles de village et même dans des villages où il n'existe pas d'école.

Si le propre des clercs est de trahir, il s'en trouve qui refusent de le faire, quelle que soit leur formation dans les choses de la cléricature. Il suffit de se tenir à l'écart de tout clergé.

Le monde des fins lettrés, de ceux pour qui lettre et esprit sont indissociables car les mots ne sont jamais innocents, est celui de l'élite dont je parle, et qui porte pour " image de marque " (encore un cliché médiatique : d'autres diraient " idéologie ", et pourquoi pas ?) cet élitisme dont il lui est fait si communément reproche. Il m'est arrivé dans ces pages, j'en suis bien conscient, de célébrer celui-ci de manière parfois outrancière, sans hésiter à forcer le trait, sinon de recourir à la caricature. Les choses ne sont peut-être pas aussi terribles que telles que je les ai décrites, encore que j'avoue parfois être enclin à penser le contraire. Je rappelle, pour ma défense, qu'il s'agit d'un pamphlet, et que le genre est nécessairement injuste et partial. Du reste, dans un monde si bruyant, où le " petit murmure " trouve si difficilement à se faire entendre[27], il ne me paraît pas déplacé de hausser le ton. Si le roi est tout nu, il ne faut point se contenter de dire qu'il se pourrait qu'il fût seulement un peu débraillé. Si votre fille est muette, c'est parce que les médias *burlesconisés* l'ont réduite au silence. Faites-les taire, et elle finira bien par crier. Il vous appartiendra alors de transformer ces cris en une autre musique.

L'élite est là pour vous en proposer les diverses partitions possibles. Ce n'est évidemment pas la moindre raison pour souhaiter qu'on la mette au pas, sinon de la faire disparaître. Rassurez-vous, bonnes gens, on s'y emploie. D'où mon cri d'alarme. Et cet éloge forcément outré.

(Je ne veux pas clore ces pages sans dire toute ma gratitude à Philippe Muray, dont l'essai *Chers djihadistes*[28] m'a, davantage que réjoui, mis dans un état de jubilation extrême.)

Bruxelles, le 9 mai 2002.

notes

1 Que pudiquement, en ces temps où l'euphémisation domine, on appelle IVG, comme si l'on pouvait supposer quelque " volontariat " dans la demande de se faire avorter !

2 C'est, rappelons-le, celui de Paul LAFARGUE, propre gendre de Marx, dans son célèbre *Droit à la paresse.*

3 V. à ce sujet les ouvrages de Jean-Marie BROHM, et notamment ses *Meutes sportives*, Paris, L'Harmattan, coll. Nouvelles études anthropologiques, 1993.

4 Ce sens est évoqué par P.A. TAGUIEFF dans un livre auquel ces présentes pages doivent beaucoup, *Résister au bougisme*, Paris, Fondation du 2 mars/Les Mille et une Nuits, 2001. On parle aussi parfois d'" élitocratie ".

5 Quand j'ai signé ce courrier, *Le Monde* était en proie à une intense fièvre rugbyphile.

6 J'emprunte avec gourmandise ce terme à Philippe VAL, qui l'a inventé dans son article " Éliminer Berlusconi ", dans *Charlie Hebdo*, N° 509, du 20 mars 2002.

7 V. ma chronique dans *La Libre Belgique* du 31 janvier 2002, " Pas de nouvelles… ".

8 Rappelons que " loisir " fait partie d'un doublet issu du verbe " licere ", l'autre terme étant " licence ", synonyme, dans certains contextes, de " liberté ".

9 LÉVI-STRAUSS, Cl., *Regarder, Écouter, Lire*, Paris, Plon, 1993, p. 47.

10 V. mon article " Rubans et rosettes ", *Journal des Procès* (Bruxelles), N° 434 du 5 avril 2002, p. 7.

11 C'était là l'essentiel de la théorie de Joffre DUMAZEDIER, dont le livre *Vers une civilisation du loisir ?* (Paris, Seuil, 1962) fut pendant longtemps un ouvrage de référence pour tout jeune sociologue entrant dans la carrière.

12 SLOTERDIJK, P., *Règles pour le parc humain*, Paris, Les Mille et une Nuits, 2000, p. 54.

13 *Masse et impuissance. Le désarroi des universités*, Bruxelles, Labor, coll. Quartier Libre, 1998.

14 C'est ce que Patrick RAYOU (Université de Nantes/CNRS) a appelé la " secondarisation " du premier cycle du supérieur.

15 Exception faite évidemment des établissements qui recrutent sur concours, comme les Grandes Écoles françaises.

16 En Belgique francophone, dans les facultés où existe un examen d'entrée, en particulier celle de sciences appliquées, le taux d'échec en première année est moitié moindre que dans les autres facultés.

17 V. LASCH, Ch., *La révolte des élites*, Paris, Éditions Climats, 1996 (trad. franç.), cité par LEVY, E., *Les maîtres censeurs*, Paris, J.C. Lattès, 2002, p. 251.
18 V. ma chronique dans *La Libre Belgique* du 26 avril 2002 : " Grave tranquille ".
19 Mon expérience déjà ancienne de président de commission au Fonds National de la Recherche Scientifique (Belgique francophone), chargée d'évaluer des projets de recherche, me conforte dans cette impression : que de manque de rigueur, de prétentions à réinventer l'eau chaude, de balbutiements méthodologiques !
20 V. entre autres BOURDIEU, P., *Sur la télévision*, Paris, Liber/Raisons d'agir, 1996 ; et HALIMI, S., *Les nouveaux chiens de garde*, ibidem, 1997.
21 *Petite philosophie du matin*, Paris, Éditions 1, 2001.
22 V. mes *Tunnels de Jumet*, Bruxelles, Les Éperonniers, 1997.
23 Ce passage doit beaucoup à des conversations avec ma collègue politicologue Corinne GOBIN.
24 Le mot vient du monde des affaires anglo-saxon (" *corporate governance* "). Son transfert au gouvernement des États n'est évidemment pas innocent.
25 V. PENA-RUIZ, *La laïcité pour l'égalité*, Paris, Fondation du 2 mars/Les Mille et une Nuits, 2001.
26 Des émissions de " télé-réalité ", telles que *Star Academy* ou *Loft Story* illustrent une nouvelle version de l'évolutionnisme social, reposant sur l'élimination des moins adaptés par les téléspectateurs eux-mêmes. Si à l'époque de l'État-providence, le souci majeur des gouvernements inspirés par une idéologie que je qualifierai globalement de sociale-démocrate a été la protection des faibles, l'idéologie dite néo-libérale qui se répand de plus en plus vise au contraire à se débarrasser de ceux-ci et à les renvoyer vers des dispositifs de charité privée.
27 V. mon livre *Le petit murmure et le bruit du monde*, Bruxelles, Les Éperonniers, 1999 (2e édition).
28 Paris, Fondation du 2 mars/Les Mille et une Nuits (encore !), 2002.

du même auteur

Haro sur la culture, Bruxelles, Éd. de l'Université de Bruxelles, 1974.
Le petit murmure et le bruit du monde, Bruxelles, Les Éperonniers, 1985, 1999.
Leçons de sociologie, Paris, Armand Colin, 1986, 1997.
Mourir, Bruxelles, Les Éperonniers, 1988, 2000.
Stances (poèmes), Bruxelles, Les Éperonniers, 1992.
Les tunnels de Jumet, Bruxelles, Les Éperonniers, 1997.
Six novelettes obliques, Mons, Talus d'approche, 1997.
Prendre le futile au sérieux, Paris, Éd. du Cerf, 1998.
Dieu est-il gnangnan ?, Mons, Talus d'approche, 1999.
Deux images et le désir, Bruxelles, La Lettre volée, 1999.
Esquisse d'une histoire naturelle du plouc, Mons, Talus d'approche, 2000.
La culotte de Madonna, Mons, Talus d'approche, 2001.
Le bricolage du social, Paris, Presses Universitaires de France, 2001.
Vive la sociale ! éloge de la social-démocratie, Bruxelles, Le grand miroir, 2003.
Sociologie de la vie quotidienne, Paris, Presses Universitaires de France, 2003.
Petit manuel d'épistémologie des sciences du social, Bruxelles, La Lettre volée, 2003.

TABLE DES MATIÈRES

REMERCIEMENTS

Je remercie vivement Anne Bivert pour le soin et la diligence qu'elle a mis à saisir ce texte, dont l'original a été rédigé à la plume, sur son étrange machine informatique, et évidemment Anne Van Haecht pour sa relecture attentive et critique.

Impression réalisée par
Campin 2000 SA
à Tournai (Belgique)
en février 2004